JN093539

介護職スキルアップブック

手早く学べてしっかり身につく!

介護技術

理学療法士
山﨑隆博 著

職場内研修に最適!
11場面別
66の介助手順

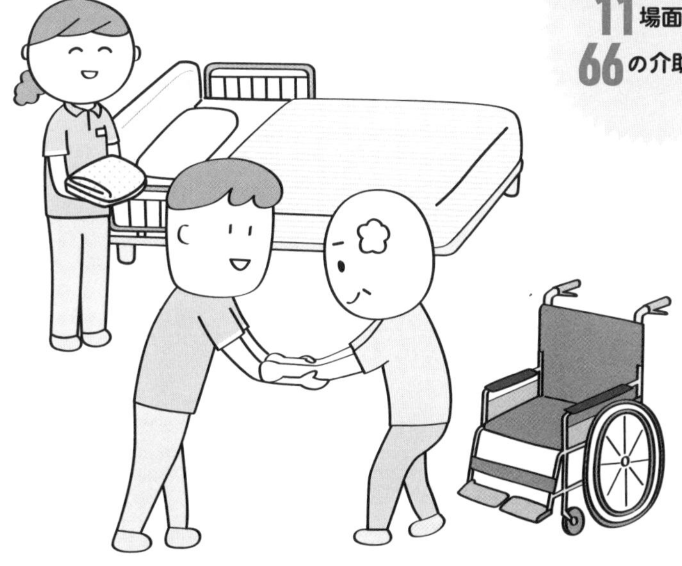

秀和システム

はじめに

あなたの介護技術が向上しないのはなぜか？

この本は、介護技術に「不安」を抱えている介護職に向けて書かれました。

そもそも手順すらわからない、動きがぎこちなく利用者が戸惑っている、利用者が思うように動いてくれない、あいまいなまま介助してしまっている……。日々、介護職として業務を進めるなかで、いろいろな不安が生まれると思います。

はじめまして、静岡県の介護老人保健施設で理学療法士をしている山﨑隆博(やまざきたかひろ)と申します。私はセミナーや研修講師として、新人介護職の不安を多く聞いてきました。介護職として最も不安を感じやすいのは、やはり「利用者を介助する場面」です。ではなぜ、生活場面を支える介護職が介護技術に不安を感じてしまうのか。そこには、大きく分けて3つの「不足」があるからだと考えています。

3つの不足とは、「認識不足」「知識不足」「実践不足」です。

認識不足——「できること・できないこと」は何か

あなたは、要介護高齢者がどのような状態であるか認識できているでしょうか？

認識不足から繰り返しけがしてしまう、理解・判断力が低下した認知症の利用者を急かし不穏(ふおん)にさせるなど、利用者の状態を悪化させる介護がいまだに横行しています。本書を読んでいるあなたは適切な介護技術を提供し、こうした状況に歯止めをかける1人になってほしいと思っています。

そのためには、利用者だけではなく、自分自身の「できること・できないこと」を認識することが必要です。

知識不足——根拠をもって語れるか

知識がなければ介護技術の向上はあり得ません。あなたが行う介護がなぜうまくいったのか、もしくはいかなかったのか。その要因を特定し振り返るには「知識」が必要です。振り返りをしないまま、あやふやにその場その場で介助してしまうと提供する介護内容にばらつきが生じ、一貫性を欠いたものになります。また、利用者もその都度異なる介助に混乱し、どのように力を入れ動けばいいのか、どの程度身を預けられるか分からず、本来発揮できるはずの大切な力を引き出すことができません。

知識は利用者だけでなく、慢性的な腰痛や椎間板ヘルニアなどを抱えているかもしれない、あなたの身体を守ることにも直結します。だからこそ知識を蓄えることが必須なのです。

実践不足――身体で覚えているか

実践不足では、利用者にとって有益な介護を再現性高く提供することができません。ただ日々の業務をこなしているのでは、接している回数が増えているだけであり、実践を積み重ねているとはいえません。

介護技術の上達は、スポーツが上達するのと似ています。毎日毎日繰り返し練習し、自分で修正を加えながら実践することで、身体で覚えることが重要です。

セミナーや本で得た知識を自分の技術として利用者に提供するまでには、身体が覚える、つまり"身体の記憶"まで落とし込む必要があるのです。

このように、介護技術に不安を感じてしまう３つの理由が分かりましたが、では、その「３つの不足」を踏まえて、現場で具体的にどのような行動をするべきでしょうか。

ここでは、以下の５つの行動を指標にしながら、日々介助するよう提案しています。

認識	①自分がどのようにやっていたか、その時利用者がどうなっていたか振り返る ②できたこと、できていなかったことを認識する
知識	③②の中から上手くいかなかった原因を探し仮説を立てる ④対策を立てる
実践	⑤実践する

本書では、「体位変換（褥瘡・拘縮予防も含む）」「立ち上がり」「起き上がり」「着座」「車いすの移乗・移動」「歩行」「食事」「排泄」「入浴」「着替え」「身だしなみ」という 11 の場面に分けて、さらに基本的な動作から、利用者の障害別、シーン別に 66 の介助手順とポイント、その根拠をコンパクトにまとめました。

ではさいごに、何をもって「介護技術の知識を身につけた」「介護技術が上達した」といえるのか？　本書における「介護技術の上達の定義」と「到達目標」を以下に示します。

これらを達成するためには、あなた自身の「向上したい・上達したい」「利用者の力になりたい」という強い意志が必要です。最後まであなたの大切なその想いを持って読み進めてください。読み終えた末に、一歩でも二歩でも前に進むあなたを応援しています。

▼介護技術の上達の定義

1. 誤った方法で実は“悪化させている介護技術”を、最低でも“悪化させない介護技術”に変化することができる
2. 今以上に悪化を予防し改善できる介護技術を再現性高く提供できるようになる

▼読者の共通目標

STEP1「自分自身が上達しない理由に気付くこと」

STEP2「上達するための知識を身に付けられること」

STEP3「次に自分が何を実践すべきか理解した上で実践できるようになること」

目次

第3章 褥瘡・拘縮予防

第4章 車いす、移乗・移動

第5章 食事、排泄、入浴、着替え、身だしなみ

第1章

介護技術を始める前に

1-1 介護技術を行う前に

介護技術の手順やテクニックを学ぶ前に知っておくべきポイントを7つに絞って解説します。

これから行うことが伝わる

利用者とかかわるうえでは、何が大切でしょうか。まずは、介護職が何をするのか利用者に**伝わる**ことが重要です。いきなり誰かに触られたり、動かされたりすれば誰でも不快や恐怖を覚えるでしょう。相手に誰が何をするのか伝え、相手に伝わったうえで介護を進めるようにしてください。

では、介護をする前に何を伝えたほうがいいのでしょうか。主な一連の流れは以下の通りです。

> ①存在を認知してもらいやすい位置で体勢をつくる→②あいさつ／自己紹介をする→③体調を確認する→④介護内容を説明する→⑤同意を得る

いきなり誰かに触れられ、身体を動かされたら、利用者は不快に感じ、恐怖や不安に感じてしまいます。それを避けるためには私たち介護職の存在を「認知」してもらう必要があります。視覚、聴覚、触覚など五感を活用して認知してもらいます。

利用者は、加齢に伴い視力や聴力が低下していたり、感覚から物事を理解することが難しくなっています。そのため、かかわり方には配慮が必要です。

話をする際には、①正面に位置する、②目線の高さを合わせる、③柔和な表情、④ゆっくりと優しい声で、声をかけるようにしましょう。

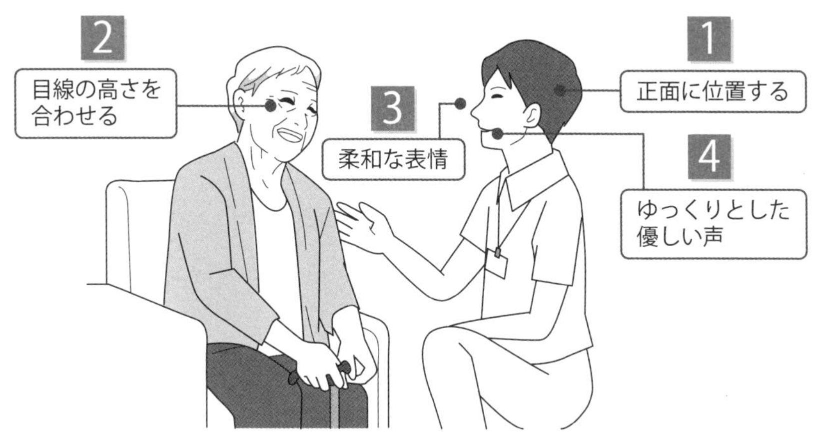

返事や表情の変化が確認できたら、「自分が誰なのか、これから何をするのか」を伝えます。言葉だけではなく、身振り手振りなどジェスチャーを交えながら相手が理解しやすい方法を探ります。

利用者の中には、認知症などの症状によって説明したことを理解することが難しい方もいます。「どうせわからないから」と決めつけるのではなく、内容の理解は難しくとも「この人は私に一生懸命説明している」という誠意は最低限伝えるようにしましょう。

利用者の力を見極める

利用者ができないことや支援が必要なことをサポートするのが、介護職としてのやりがいだと考えている人がいるようです。

もちろんそれらは間違いではありません。しかし、サポートによって利用者ができることまで奪ってしまっていませんか。「こちらでやりますので大丈夫ですよ」などと声をかけ、先回りの介護を行っていませんか。

利用者がもっている力を把握していないと、その力を発揮する機会がなくなってしまいます。これが繰り返されると、筋力低下といった身体機能の低下だけではなく、遂行機能や理解・判断力の低下などの高次レベルの脳機能、さらには食べる・見聞きする・呼吸するなど、低次（基礎）レベルの脳機能の低下も招いてしまいます。

まずは利用者が「何を、どれぐらい自分で行える状態か」を把握し、それが継続できるように環境を整えることが必須です。自立度は要介護とは別に、「完全自立」から「全介助」まで段階があります。たとえ介護を要する状態であっても、「最小介助（25% 程度の介助を必要とする）」レベルであれば、利用者は自分の力を 75% 活かせます。

それを見つけ活かしたうえで、「できないこと」に注目し必要最小限の支援をすること、これこそが尊厳を守ることに直結します。介助が必要ない部分に目を向け、その人ができることを維持できるように支援しましょう。

安全性を確保する

高齢になるにつれ、皮膚や血管、骨、筋肉などは衰(おとろ)えていき、身体のあらゆるところが脆弱(ぜいじゃく)になり、けがをしやすい状態になります。また、心理面においてもできたことができなくなったり、役割や居場所がなくなる喪失体験によって、うつ傾向になりがちです。さらに、けがや転倒を経験すれば、恐怖心が増強することもあります。

私が見た例としては、歩行補助具が合わなかったことで転倒してしまった利用者が、その恐怖から本来は歩けるのに車いすを使うようになり、自ら歩くことを拒否してしまうケースがありました。たった一度の事故によって、その後の活動範囲を狭め、主体的に生活を営むことさえも制限してしまったのです。

そうした事態を避けるためには、転倒やけがのリスクがどの程度懸念されるのかを評価し、把握すること、そして、人的・物的環境を整えて、リスクの緩和・安全性の確保に努めることが大事です。

介護職の身体を守る

利用者だけでなく、私たち支援者の身体を守ることも重要です。とくに腰痛は介護職の職業病とはよくいわれていますが、福祉用具使用による移乗や介護を義務づける「ノーリフティング」が謳(うた)われてから20年以上経った現在でも、身体を壊し離職せざるを得ない介護従事者が後を絶ちません。

後ほど詳しく書いていますが、移乗場面では、広いスタンスをとり、ベッドの高さを調整するなど、介護職自身に過度な負担がかからない姿勢や身体の使い方をする必要があります。利用者を守るためには、介護職（自分）も守らなければなりません。

必要な部分のみを支援する

事故の防止を優先するあまり、利用者の活動を制限する、あるいは必要以上に介助することも危険です。利用者が発揮できる力を引き出せず、歩行できた利用者が車いす生活になったり、さらには寝たきり状態にまで身体機能が低下してしまうこともあります。

このような介護技術による“廃用(はいよう)”を防ぐには、利用者のできることを評価し、必要な部分のみ支援することが重要です。一方、利用者の力を最大限に活かそうと介助量を必要以上に減らすと、利用者の負荷が過剰になり、かえって筋力低下を引き起こす可能性があります。さらには関節を破壊し、変形を助長するなど、取り返しのつかない状態にまでおちいります。

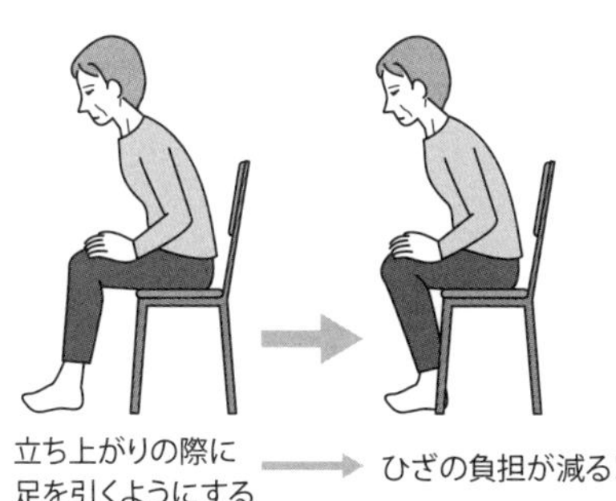

誤った技術は利用者の状態を悪化させる

たとえ廃用に至らなくても、介助する方向やスピードが利用者の動作に合っていないことも重大な問題です。

たとえば、下肢が外向きのままでの立ち上がりや移乗を続けると、変形性膝関節症を招きかねません。そこから痛みが生じ活動が低下すると、さらに筋力低下や関節可動域が制限されてしまいます。

ほかにも、麻痺側の上肢から服を脱ぐ介助を行うと、肩関節周囲炎や亜脱臼を招いたり、寝返る側に顔を向けずに起き上がらせることで、首周りの緊張を亢進させてしまうなど、無意識のうちにあらゆる場面で誤った方法を行っている可能性があります。

常に適切な介護技術の学習を怠らず情報を更新しながら技術を提供し、廃用・誤用を招かないようにしましょう。

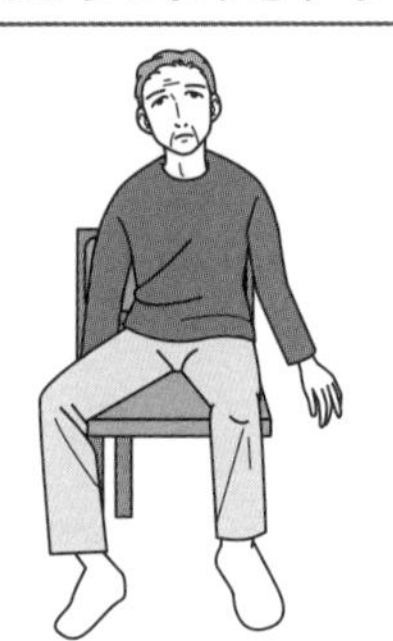

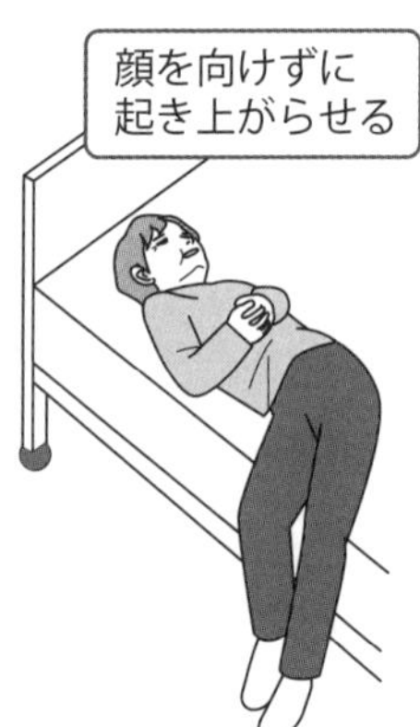

その介護技術に再現性はあるか

介護技術を提供する際に大切なのは、方法や質が一定であること、つまり再現性があることです。本書も、この本で展開されている介護技術がこの本を読むあなたの技術として再現できるよう書かれています。

これまでの介護現場では、ベテラン介護職などによる個人の経験や力量によるケアが提供されてきました。しかし、一部の個人の技能やスキル、知識に頼りすぎてしまい、後輩の介護職に伝承されないという問題や、再現性に乏しいため、利用者や家族に介護内容を説明しにくいという問題もありました。つまり、現場目線の主観的アプローチが大半だったのです。

そうした経緯を踏まえ、2021年の介護報酬改定に伴い「科学的介護」という用語が登場しました。これは、科学的で客観的な根拠に基づいた、再現性のある介護のことで、利用者の自立支援、重度化防止を目指すものです。

このように、介護職は科学的根拠に基づいた介護を取り入れることが求められています。

その時々によって方法や質に違いがあると、利用者は混乱してしまいます。

ましてや、一利用者に対して、介護職が勤務体制や生活場面ごとで介助方法が変わってしまう現場では、一層混乱を招かないようにしなくてはいけません。

再現性を高めるためには、手順だけでなく解剖学や生理学、運動学などの基礎知識や、周囲の環境が及ぼしている影響を考慮することが大切です。

なかでも最も頭に入れてほしいのが「なぜそうなるのか？」という根拠です。再現性を高めるには、自分の口から根拠を説明できるよう繰り返し実践するとともに何度も頭の中で復習するようにしましょう。

1-2 利用者に触れること

利用者に「触れる行為」に意識的でない介護職は多くいます。利用者の快・不快にもつながるので、その効果を理解しましょう。

加齢に伴う皮膚の変化

加齢に伴い皮膚は変化します。介護技術を展開するうえでは、下記の3つの変化をおさえましょう。

たとえば、皮膚は発汗量が少なくなっていき、乾燥しやすくなります。乾燥すると亀裂（きれつ）が入りやすく、細菌やウイルスがその間から侵入することもあるので注意が必要です。

▼加齢による皮膚の変化

1. コラーゲンの不足によって肌に弾力や張りが失われる
2. 水分量が減り、乾燥しやすくなる
3. 血流が乏しく、けがの治りが遅くなる

利用者に触れる手の条件

皮膚の変化を理解したうえで、実際に利用者に触れます。この際、いくつかポイントがあります。

清潔であること

爪を短く切ること、汚れがないか確認することは専門職として最低限のマナーです。

ほどよく温かく柔らかい、強ばっていない

利用者の皮膚温は低下しやすいため、介護職の手が冷たいまま触れてしまうと不快感を与えてしまいます。手は冷たくない（＝温めた）状態にしてください。また手が緊張していると指先に力が入り、痛みにつながります。温かく柔らかい状態で触れることで、皮膚の血流量も増加しリラクゼーション効果も発揮できます。

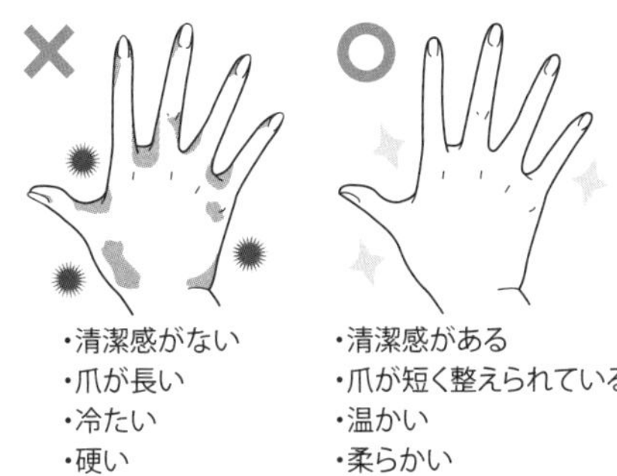

虫様筋握りをしている

利用者の皮膚は薄くなりやすいので、過度の圧をかけてはいけません。たとえば、わしづかみはNGです。痛みにならない握り方「**虫様筋握り**（ちゅうようきん）」を心がけましょう。これはどんな場面でも、利用者に触れる際に共通する握り方です。

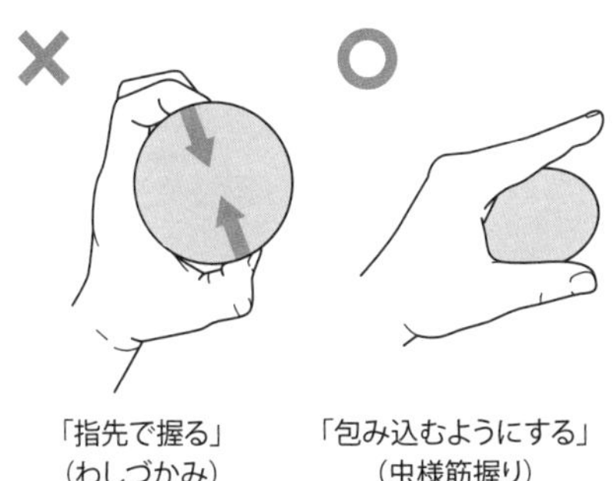

「指先で握る」
（わしづかみ）

「包み込むようにする」
（虫様筋握り）

適切に触れると得られる効果

リラックス効果

手のひらを利用者の皮膚に当てるだけでも、リラックス効果をもたらすことができます。身体的な温かさを感じると、感情と感覚が関わる脳の部位が興奮し、自律神経のバランスを整えるセロトニンが活発化し不安や抑うつ状態を緩和させます。寝たきりの方や拘縮の強い方にも、心理的な効果を発揮することができます。

覚醒度が上昇する

触れることは、利用者にリラックス効果だけでなく、覚醒度を高めるうえでも効果的です。1秒間に5cmのスピードでなでると副交感神経が刺激され、リラックス効果があり、1秒間に20cmのスピードで少し早くなでると交感神経が優位になり覚醒度が高まるといわれています。

触れる際に確認すべき3つのポイント

ふだん、介助場面など利用者に触れる機会は多くあります。しかし、何気なく触れているだけでは、そこに潜んでいる異常に気づくことはできません。いち早く異常に気づくためにも、常日頃から以下のポイントを意識するようにしましょう。

皮膚は熱くないか（冷たくないか）

皮膚の表面に手のひらを当てて確認します。熱感や冷感が確認できれば、それがその部分のみなのか、全身に及ぶのか確認するようにします。

熱感の場合、皮膚組織の炎症がある可能性があるので、打撲（だぼく）、捻挫（ねんざ）、骨折、全身に熱があれば肺炎や胃腸炎などの可能性があります。

冷感の場合、体温調節がうまくいっていないので、血流が回っていないことが考えられます。全身が冷たい場合は代謝機能が低下している可能性があります。生理的な変化である場合が多いですが、熱感同様、注意が必要です。

なお、利用者によって皮膚の温度は微妙に違います。変化にいち早く気づくために、利用者の「常温」を理解しておきましょう。

乾燥していないか

手のひらや指の腹で皮膚の上をすべらせて確認します。すべらせる際は皮膚が傷つかないよう注意します。

浮腫がないか（むくんでいないか）

指の腹で10秒程度、5mm程度の深さまで押しながら確認します。皮膚が張ってすぐに戻る場合はリンパ腫や低代謝による浮腫、皮膚が40秒近くくぼんでいれば心不全、腎不全による浮腫の可能性が考えられます。

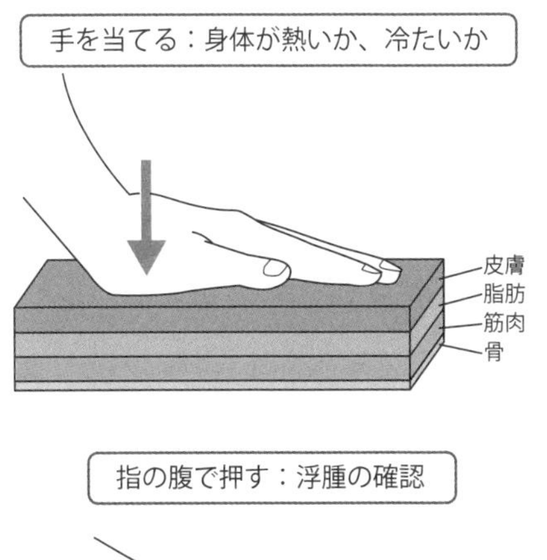

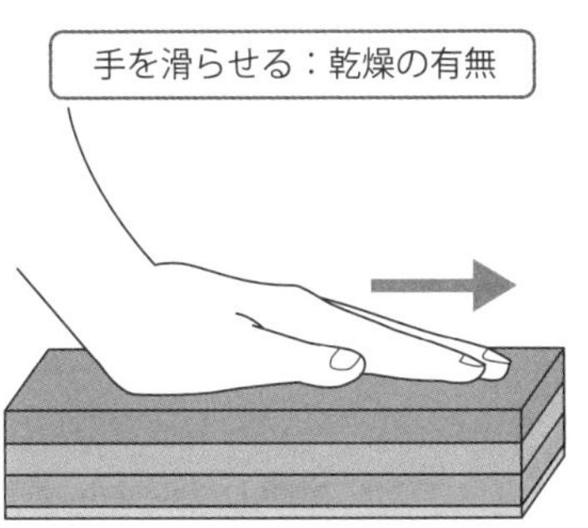

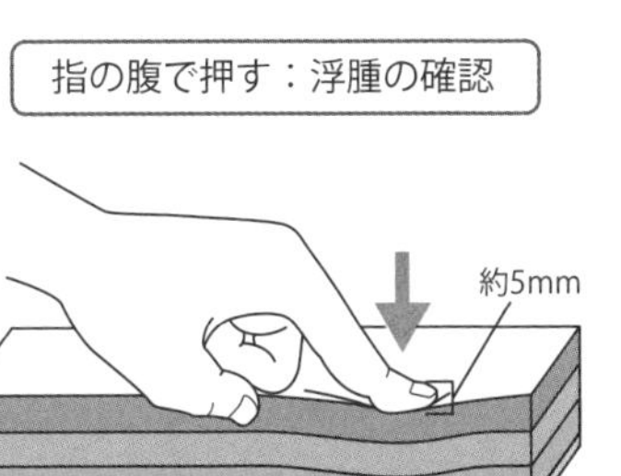

1-3 利用者を動かすこと

触れることに引き続き、現場では意識しづらい「動かすこと」について注目します。誤った動かし方にならないよう注意しましょう。

関節は常に不安定

介護では、利用者に動いてもらうこと、利用者を動かすことは頻繁にあります。この「動かす」行為にあたっては、関節について理解することが非常に重要です。関節の構造上、動かせない方向に腕を持っていこうとしたり、痛みを訴えているのに無理やり動かしたりする場面がみられます。

▼関節が不安定であることの確認方法

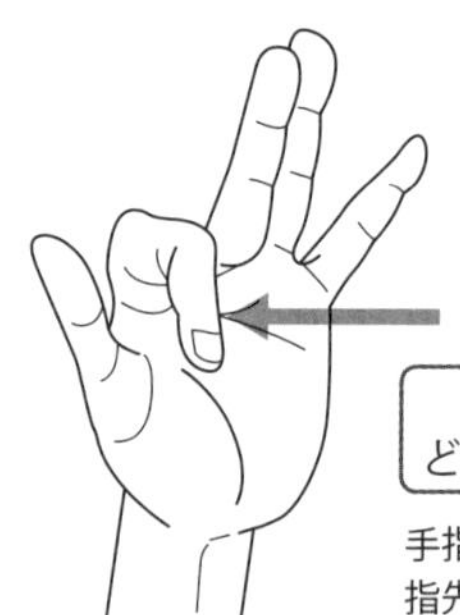

※利用者に試すものではありません。

加齢に伴う関節の変化

関節の骨や関節組織の機能は、加齢に伴って変化します。たとえば、骨の量は、20 代後半をピークに徐々に減少していくといわれています。骨は骨代謝を繰り返していますが、だんだんと骨がもろくなります。

また、摩擦(まさつ)や圧などに弱くなり、疼痛(とうつう)や変形を引き起こします。関節を取り囲む筋肉も衰えやすくなるため、過度に伸ばされると、断裂したり、傷つきやすくなったりします。

このように、私たち介護職の動かし方次第で、関節やその周囲の組織を傷つけるリスクがあることを肝に銘じましょう。

利用者を動かす際のポイント

関節に触れ支点を安定させる

ひじを動かすときにはひじ関節を、指先を動かすときには指の関節を支えるなど、動かす関節に手を添えて支えることを心がけましょう。とくに肩関節は非常に不安定な構造をしています。手を添えずに動かそうとすると痛みを生じやすいため、注意が必要です。

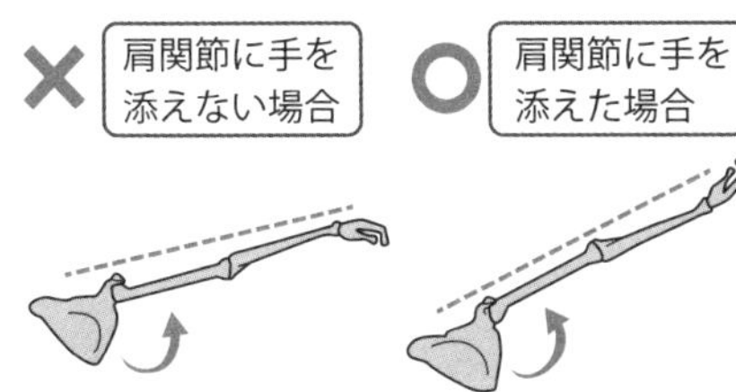

肩甲骨と上腕骨の動きは連動しているため、肩関節に手を添えて支点を安定させつつ、もう一方の手で肘から手先までを広く支えると可動域が広がる。

上から引っ張るのではなく「下から支える」

身体には、常に重力（上から下への力）がはたらいています。その動きに反して、上から引き上げようとすると、皮膚や筋などの軟部組織に圧や摩擦が生じ、痛みや組織の損傷を招きます。

そのため、下から支えるようにしましょう。過度な力がはたらかないため、関節が安定しやすく、痛みの発生も防げます。また「支えられている」という感覚は、心身の緊張の緩和にも効果があります。

支える面積を広くする

指先だけで身体の一部を支えると、支持面積が狭くなり、圧が一点に集中するため、痛みや不快感を与えてしまいがちです。支持面積をできるだけ広く確保しましょう。

動かす関節から最も近い関節を支える

介護職が支える位置は、動かしたい部位から最も近い関節にしましょう。支える位置と動かしたい部位の間が離れていると、力の方向が定まらず、動かしにくくなります。

たとえば、上肢を上げるときには、主に肩関節を動かしますが、手先を支えて肩関節を直接動かすのではなく、その関節に最も近いひじ関節を支えるようにします。手先付近を支えると、肩関節までの間に手首やひじ関節があるため、上肢が安定しません。また、もう一方の手は、先ほども紹介したように、動かす関節に触れ、無理に引っ張ったりせず、支点を安定させます。

可動域を意識する

可動域とは、**関節を動かすことのできる範囲のこと**です。無理に動かそうとしたり、誤った方向へ動かすと、痛みやけがを生じます。利用者がどこで抵抗感をもつか把握する必要があります。

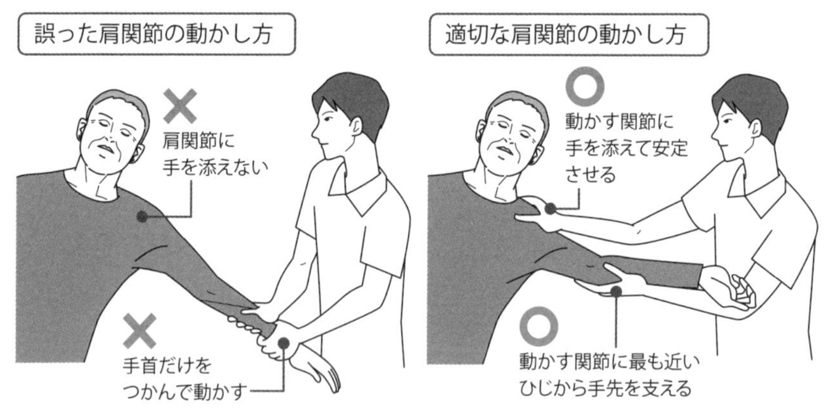

関節を動かす際の手順

❶触れる前に声をかける

「腕を上げますね」「腕を動かしますね」などと声かけをしましょう。

❷ゆっくりと触れ、動かす関節に手を当てる

接触する際は、手のひらだけではなく前腕も活かしなるべく面積を広くします。

❸本人の動きを感じながら動かす

利用者の動きに先行して、介護職本位で動かさないよう気をつけましょう。

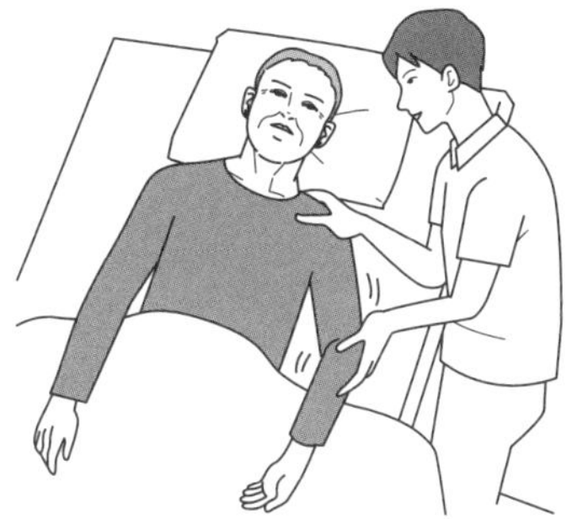

❹離す

ベッドなどの接触面積を確保しながらゆっくり慎重に離します。途中で急に離すとけがにつながります。

1-4 安全・安心を支える ための3つの原則

介助する前におさえておくポイントをいくつか解説しました。ここでは、介護職側の姿勢を安定させる３つの原則について説明します。

足を広げる

介助する前に足を前後または左右に広げることで支持基底面が広くなり、身体が安定します。また手先に過度な緊張や揺れが生じにくく、利用者へ不快感を与えることもありません。

重心移動を利用して動かす

たまに、利用者を「力で動かそう」とする介護職がいます。しかし身体の小さい介護職でも、重心移動で動かすことを意識すれば、大柄な利用者を動かすことは可能です。介護職自身の動きのバランスや重心が安定していれば、最小限の力で動かすことは可能なのです。

とくに重心を使って移動する場合は、自身の股関節などの大きい関節の動きに注目します。逆に手先からひじ関節あたりまでをできるだけ動かさないことが大切です。

高さを合わせること

寝ている利用者や座っている利用者に高い位置から介助する場面を多く見受けられます。しかしこのような介助は、関節を上に引っ張り上げる力がはたらき、けがの原因になります。

とくに不安定な構造である肩関節ではちょっとした力が加わるだけで、腱(けん)・神経を痛めたり、最悪の場合、脱臼することもあります。

このように、介護職の姿勢は3つの原則を踏まえて介助しましょう。

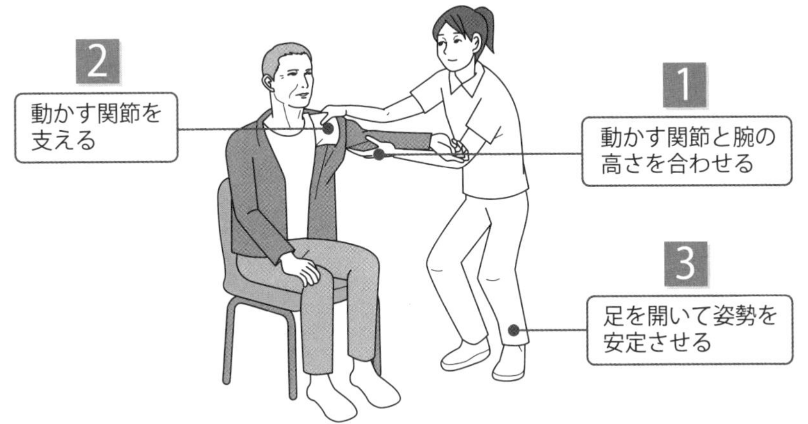

Column

今さら聞けない用語――重心・支持基底面って何？

重心とは、物体を支えるときにバランスが取れる点のことで、その物体の全体の重さが均等に分かれる場所のことです。人間が立ったときの重心とは、へそのやや下あたりです。重心が低くければ、身体は安定しやすいです。

また、支持基底面は体重を支えるための面積のことです。この面が広いほど、身体は安定します。

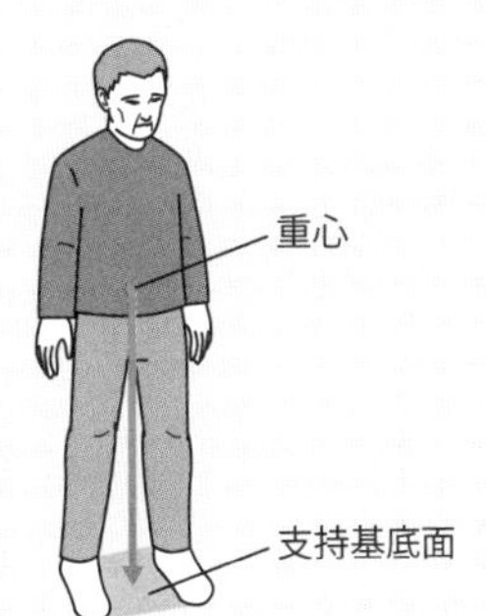

第2章

体位変換、起き上がり、立ち上がり、着座

2-1 体位とは何か

介護記録を書くときなど、情報の共有の際に欠かせない必須用語です。用語の意味を正しく理解しましょう。

▼仰臥位（仰向け）

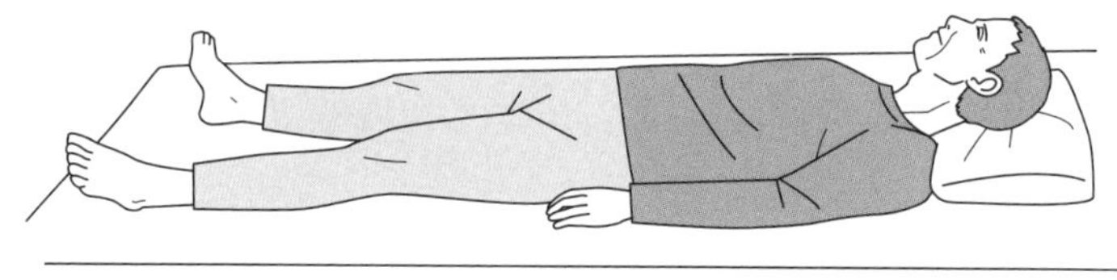

▼側臥位

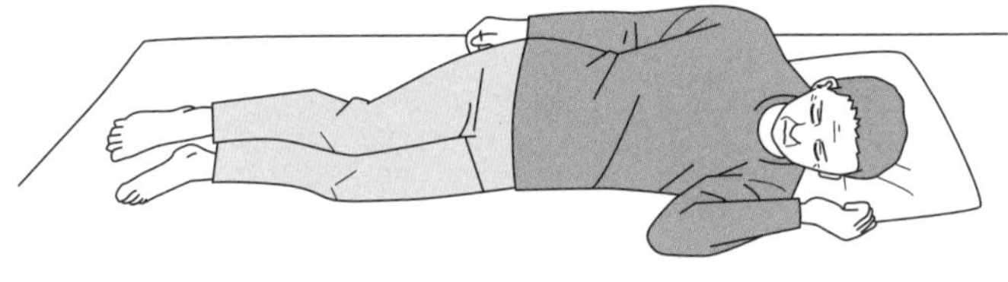

▼ファーラー位（半座位）

▼端座位

▼長座位

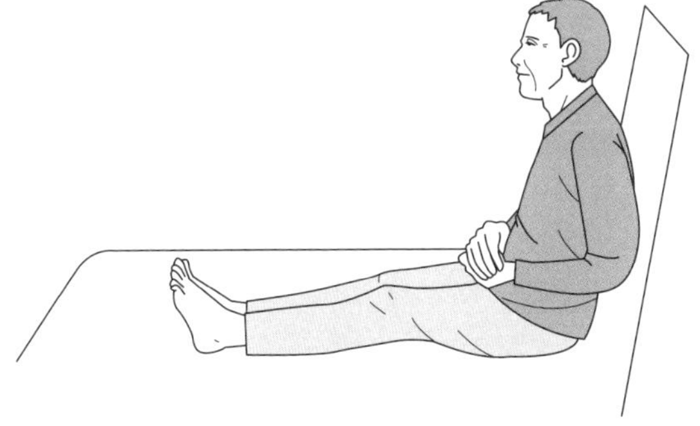

ほかにも、起座位（テーブルにうつ伏せの状態）や椅座位（いすに座っている状態）、立位（立った状態）があります。

2-2 寝返り

寝返りは体位変換の中でも基本中の基本の動作です。動作の流れや根拠などをしっかりマスターしましょう。

寝返り（仰臥位→側臥位）の流れ

❶両ひざを立てる

かかとをお尻になるべく近づけます。

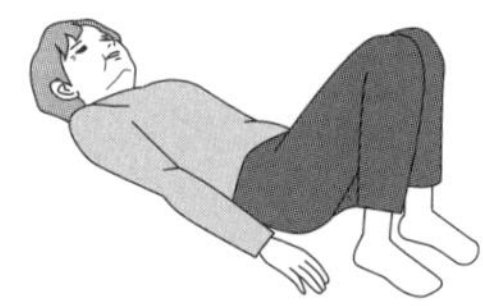

❷寝返る側の腕を外に広げる

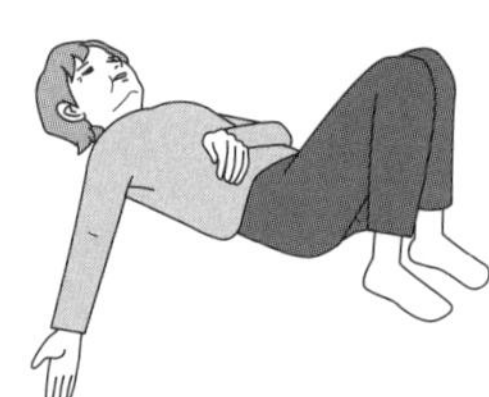

❸上側（寝返る反対側）の腕を寝返る方向へ伸ばす。

肩幅を狭めることで、上体が回転しやすくなります。顔も寝返る方向へ向きます。

❹両ひざを寝返る側に倒し、重心を移動させる

両ひざを倒すと、重心が移動し、骨盤が回転します。

❺側臥位になる

90度側臥位になっているか確認します。

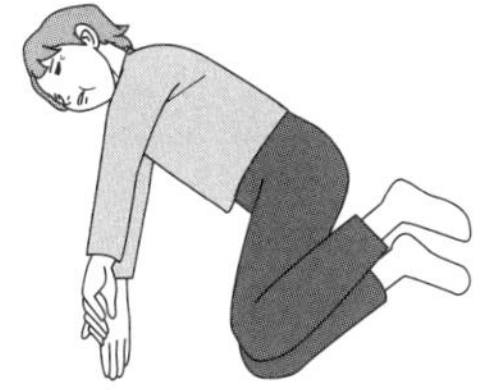

片麻痺がある利用者の寝返りの流れ

❶非麻痺側の足を麻痺側の足首の下に入れる

あらかじめ仰臥位の状態から、非麻痺側のつま先を上げて足の甲に引っ掛けます。

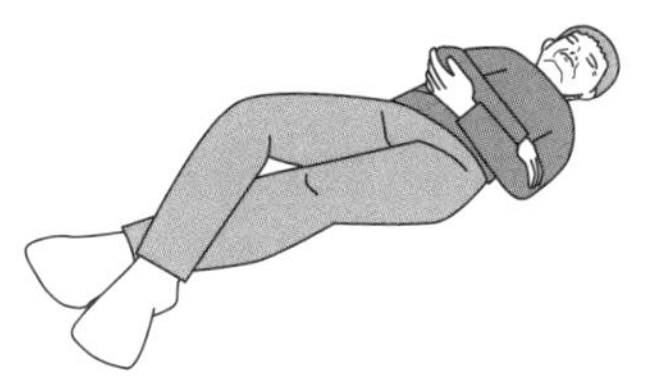

❷非麻痺側の手で麻痺側の腕を持ち上に伸ばす

腕を上げる角度や高さは痛みや可動域など無理のない範囲にします。

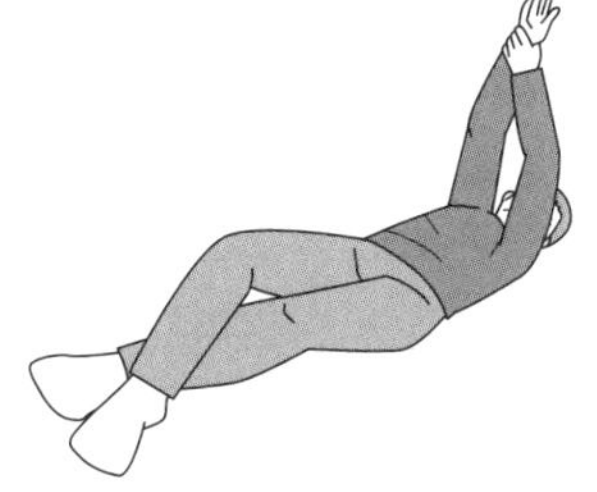

❸両腕を寝返る側へ倒しながら伸ばす

筋緊張が高まったり肩関節が脱臼するなどリスクが上がるため、無理に引っ張っていないか注意します。

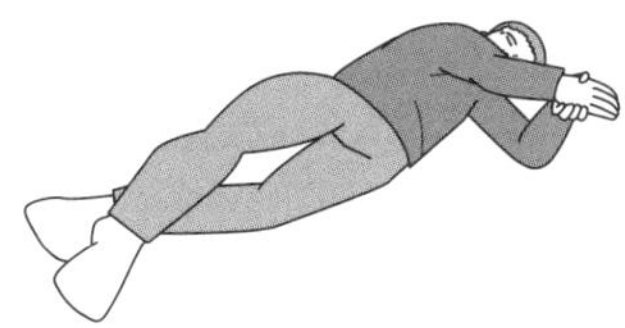

❹顔が寝返る側に向く

あごが引けているか確認します。

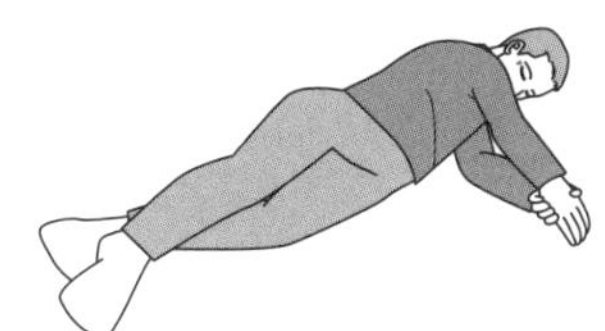

❺上半身と骨盤が横を向く

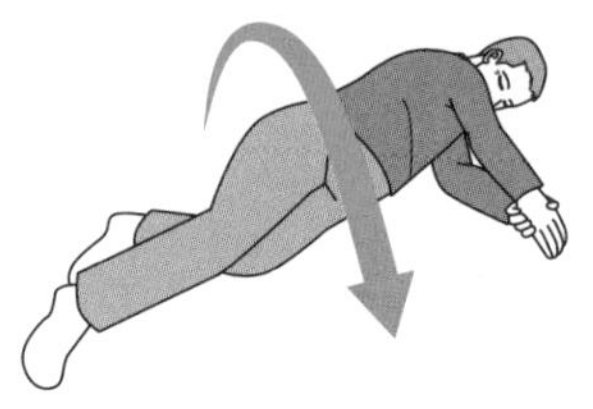

動作の「なぜ?」がわかる!　**なぜ、こまめに寝返りするの？**

➡ 二次障害の予防と不快感・苦痛を緩和するためです。

ただ目的なく体位変換を行うのではなく、その目的（予防や緩和の視点など）をもって介助にあたるようにしましょう。なお、体位変換の頻度は、多くの現場では2時間おきが目安とされていますが、利用者の状態や臥床環境を考慮して頻度を設定しましょう。

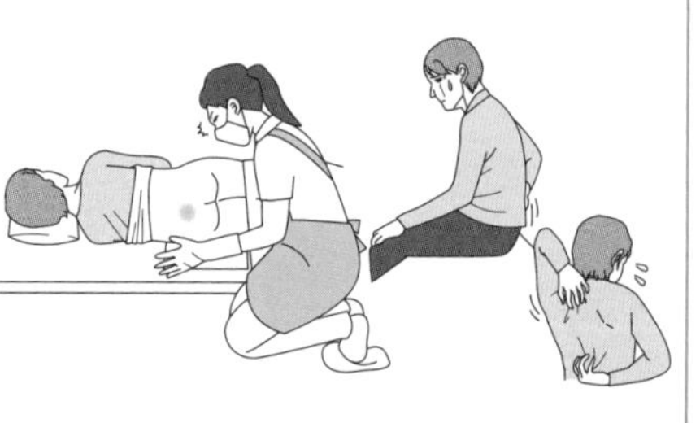

寝返り介助（仰臥位→側臥位）

❶ベッドの高さを整える

ベッドの高さが低いと、介護職は腰を痛めることになります。また高さが合わないと手先だけを使って介助することとなるため、筋肉にかかる負荷が大きくなり利用者に不快感を与えます。

介助者の腰の高さに合わせるとベスト

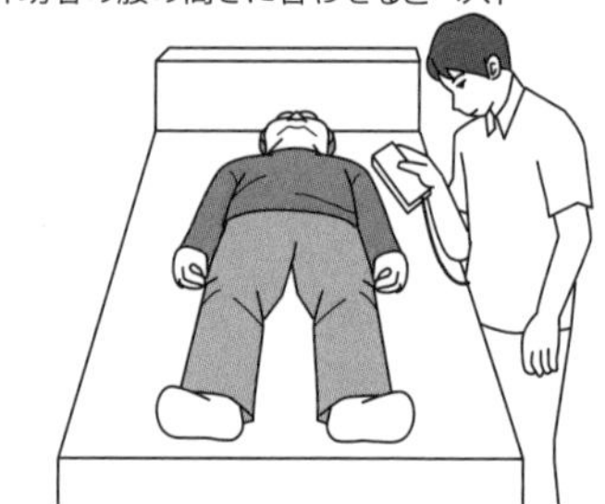

❷介護職の姿勢を整える

体重移動を活かすために前後に足を広げて構えるようにします。

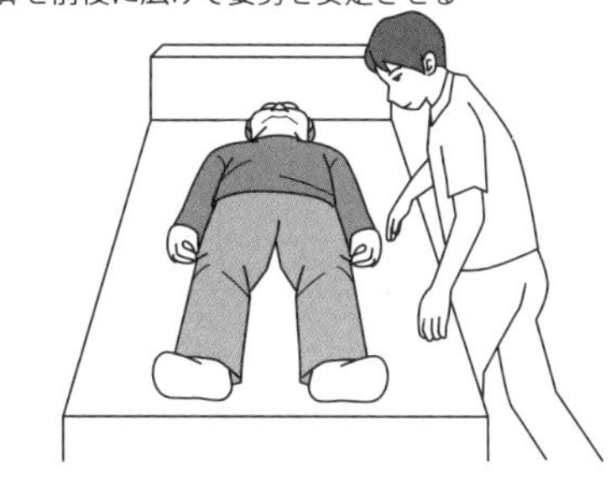

❸ねじれや傾きがないか確認する

上半身・骨盤がねじれたり、傾いていると寝返りができません。

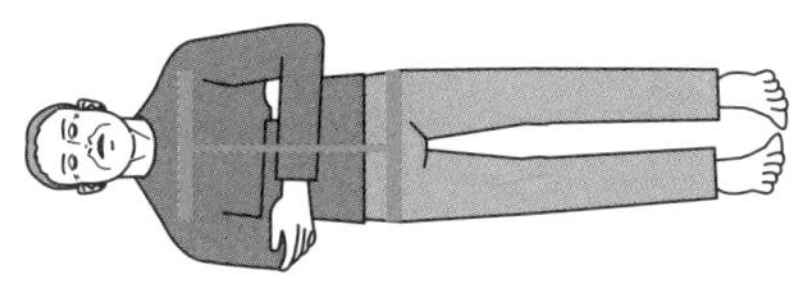

❹枕を整える

あごが引ける状態に枕の高さを整えます。枕が低くつぶれていると、あごが上がってしまい、緊張を高めたり、寝返りしづらくなります。

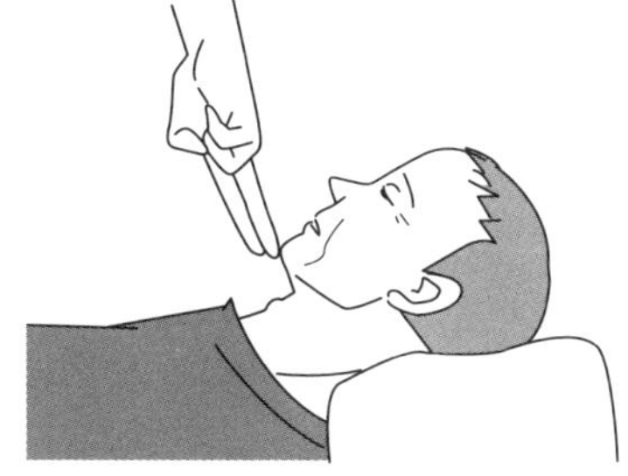

❺寝返る方向へ顔を向ける

「こちらに顔を向けられますか?」などと声かけをし、本人ができるよう促しましょう。

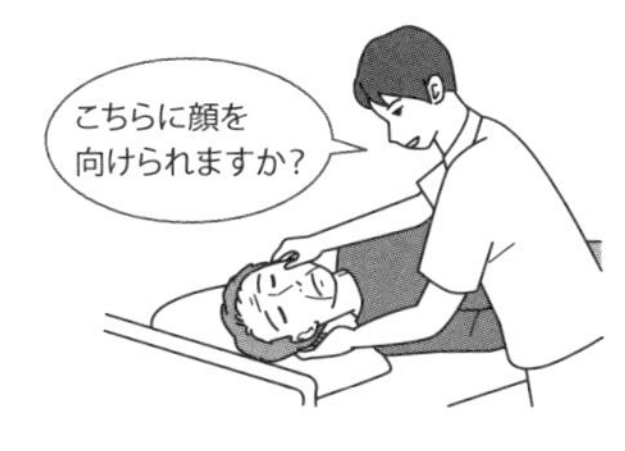

❻両ひざを立てる

かかとをお尻に極力近づけます。指の腹のみで力を入れるのではなく、かかとと下腿（かたい）を広く抱えて力を入れず立てます。「ひざを立てられますか?」などと声かけしましょう。

❼寝返る側の腕を横に広げてもらう

脇が閉じていると腕を圧迫するので、開くようにします。45度近く開くようにするのがポイントです。「脇を開きましょう」と自立を促す声かけをしましょう。

❽反対側の腕をお腹に乗せる

「腕をお腹に乗せられますか?」と声かけをしましょう。肩甲骨の後ろをベッドから浮かすことで、寝返りしやすくなります。

❾ひざと肩甲骨を寝返る側に向ける

肩甲骨とひざの硬い部分を支え、寝返る方向へゆっくり向けます。

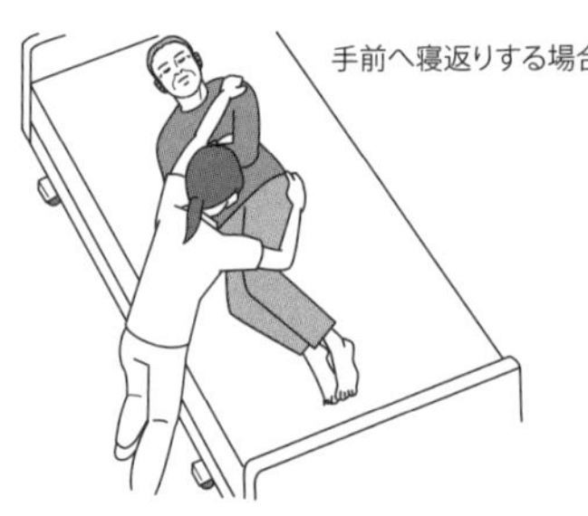

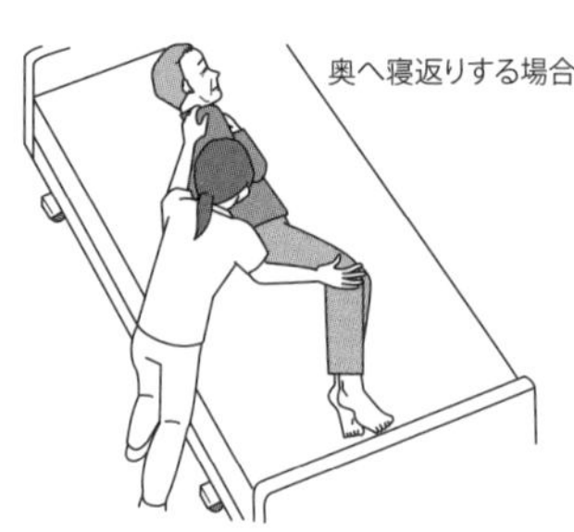

❿必要に応じてポジショニングを行う

体位変換ができない方や自力で向きを変えるのが難しい利用者には除圧を検討します(→p.74)。またその際、ねじれがないか、必ず確認しましょう。

動作の「なぜ?」がわかる! **なぜ、ひざを高く立てるの?**

身体とベッドが接している面積(支持基底面)が狭いほど動きやすいからです。

両足をそろえることで重心が安定しやすく、重心からの距離が長いほど足を倒しやすいです。

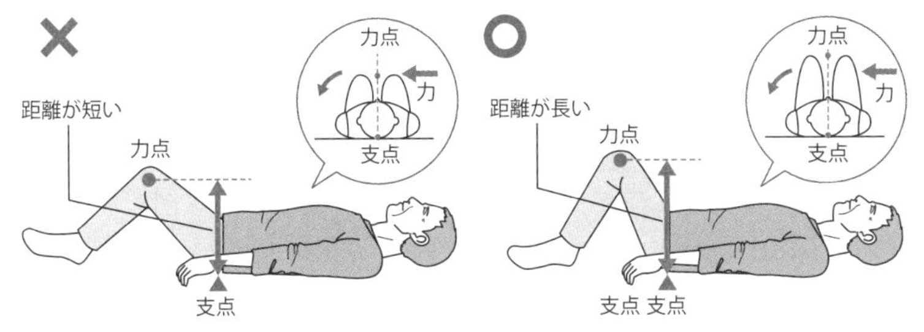

動作の「なぜ?」がわかる! **なぜ、回転するようにして寝返るの?**

力をかけることなく寝返ることができるからです。

身体の下側になる面を軸に回転することで、少しの力で介助できます。

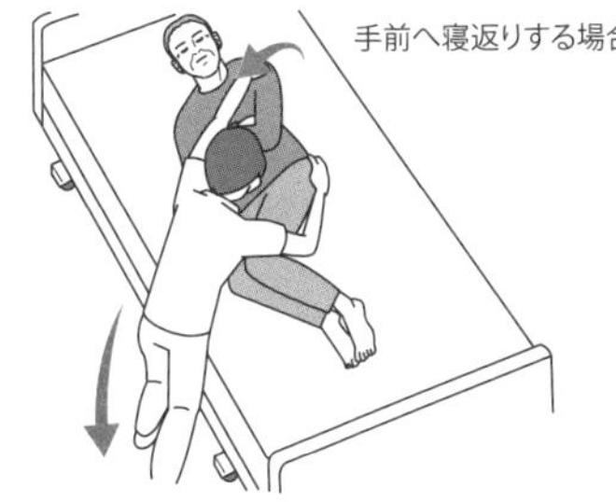

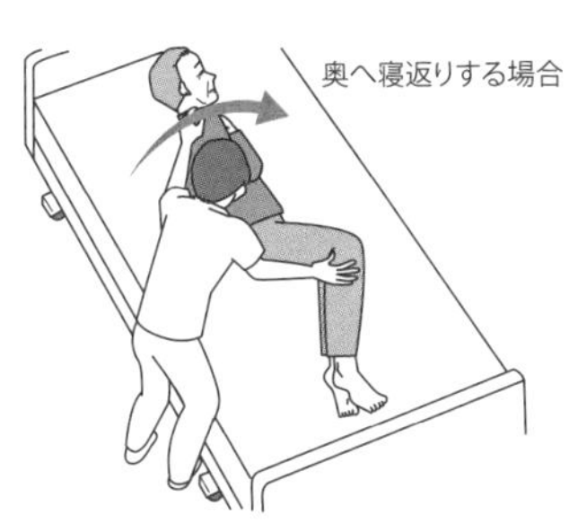

片麻痺のある利用者の寝返り介助

❶～❺はp.32～33同様。

❻非麻痺側の足先を麻痺側のひざに引っ掛ける

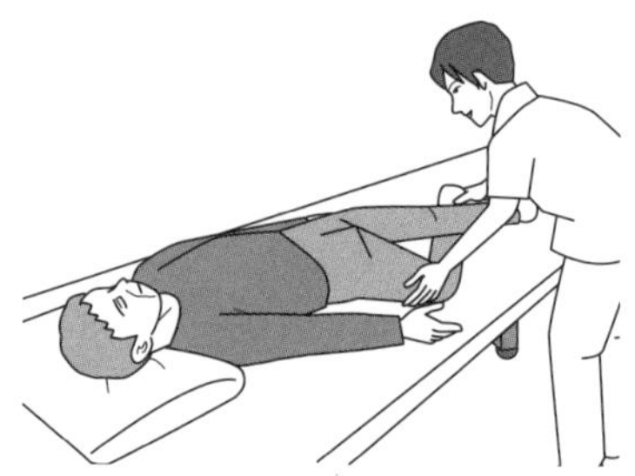

❼麻痺側の手首を非麻痺側の手で持ってもらい高く持ち上げる

筋緊張が低い弛緩性麻痺の場合は持ち上げず、肩甲骨を前に向けて十分にお腹に乗せます。

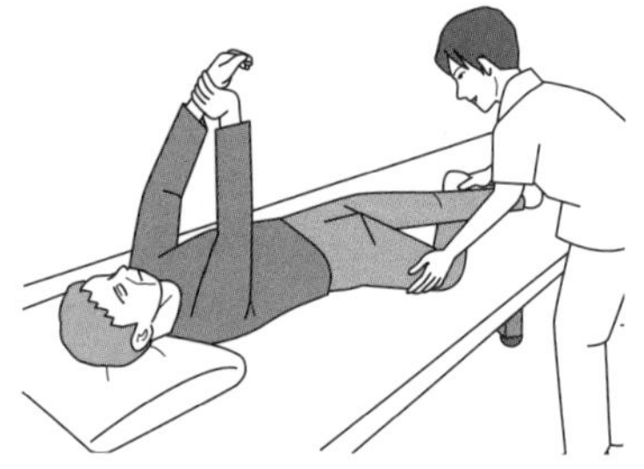

❽麻痺側の肩甲骨と骨盤を持って寝返る側へ倒す

ひざを立てられない利用者の寝返り介助

❶〜❺はp.32〜33同様。

❻寝返る側と逆側の足を寝返る側の足に交差させる

足首を持つのではなく、足全体を胸で抱えるようにして持ち上げて交差させます。交差は足首と足首が重なる程度にします。

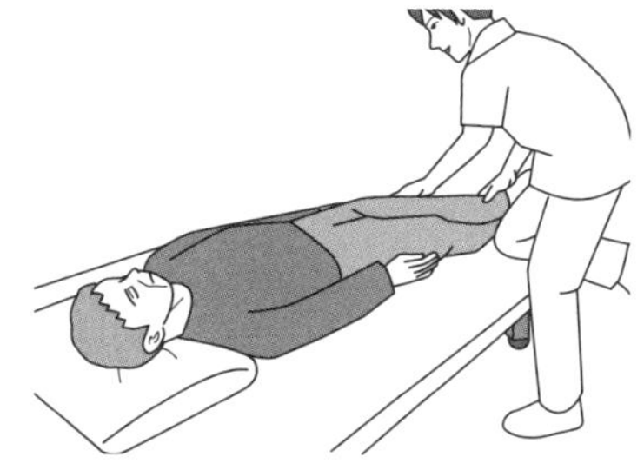

❼寝返る側の腕を開く

可能な限り利用者にお願いしましょう。

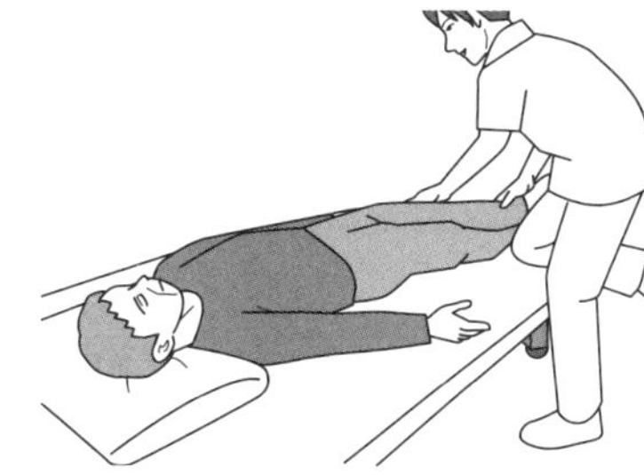

❽反対側の腕をお腹に乗せる

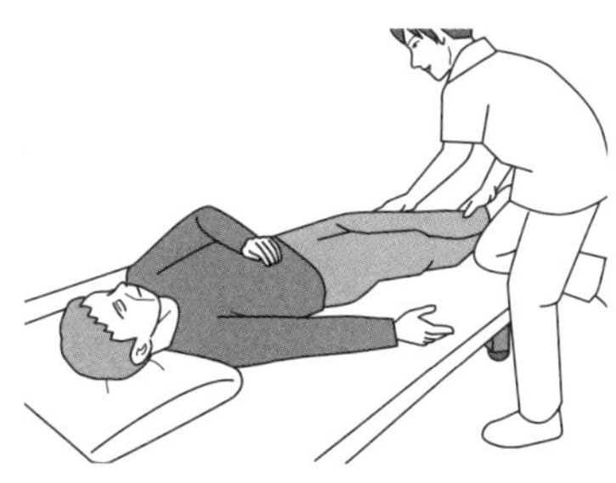

❾骨盤と肩甲骨を支えて寝返る

回転運動を意識しながら寝返ります。

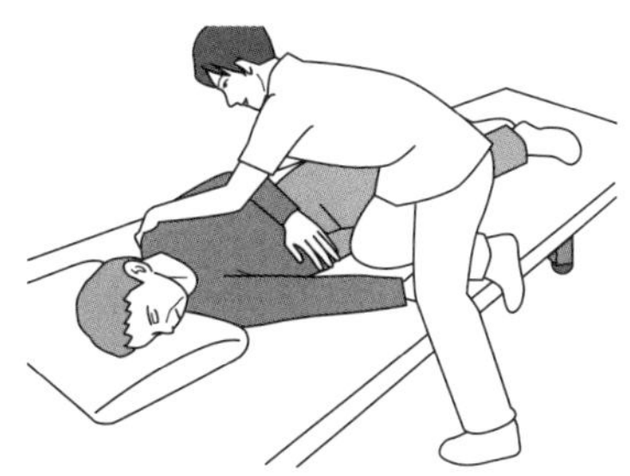

⑩胸～骨盤の前か背面にクッションを置き身体を預けて安定させる

寝返り後、足がまっすぐで不安定のため、利用者の状態を確認しクッションを置きます。

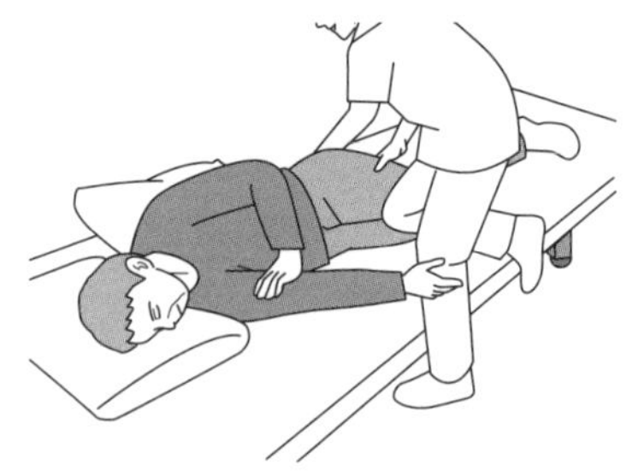

腰痛のある利用者の寝返り介助

❶～❺は**p.32～33同様。**

❻寝返る側の腕を開く

可能な限り利用者にお願いしましょう。

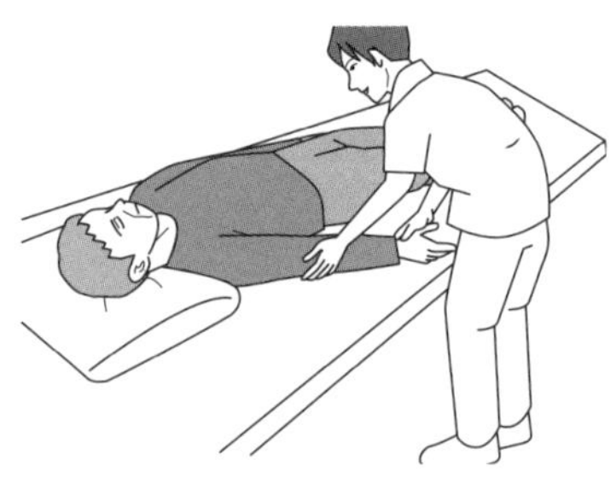

❼反対側の腕をお腹に乗せる

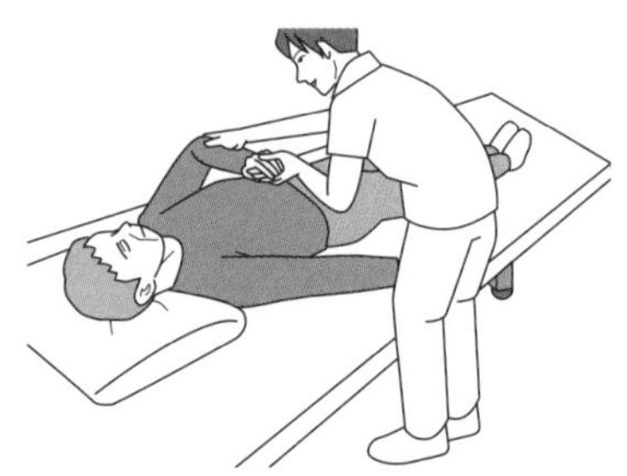

❽ひざを胸に近づけ、かかとをお尻に近づける

足全体を介護職の胸で抱えながら持ち上げ、痛みがないよう慎重に利用者の胸に近づけます。

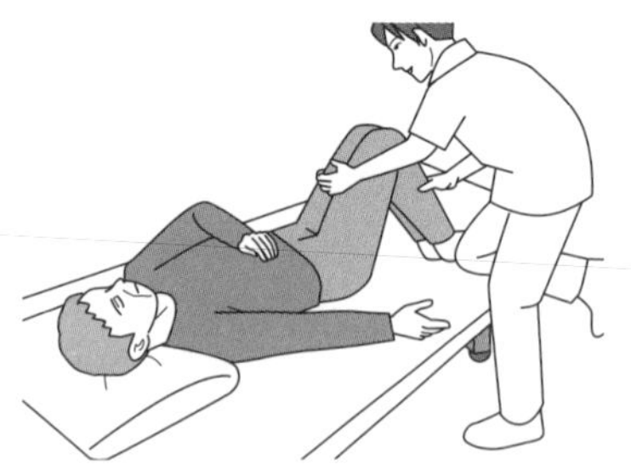

❾下半身と上半身を同時に寝返らせる

このとき、腰がねじれないように全身を一体にして寝返るようにします。下半身が先行して上半身よりも回転しやすいためねじれに注意しましょう。

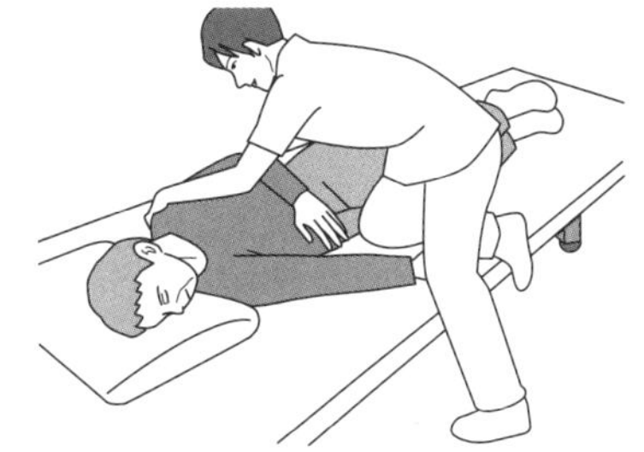

動作の「なぜ?」がわかる!　なぜ、手順を一気に進めてはいけないの？

➡ いきなり向きを変えると、身体を痛めてしまうためです。

この項目に限りませんが、大柄な利用者や拘縮がある利用者の場合、特に力を入れて無理に介助しがちです。介助を一気に進めてしまうと、手足や背中がねじれ、骨折や緊張を高め拘縮を悪化させる危険があります。一つずつ工程を分けて介助するようにしましょう。

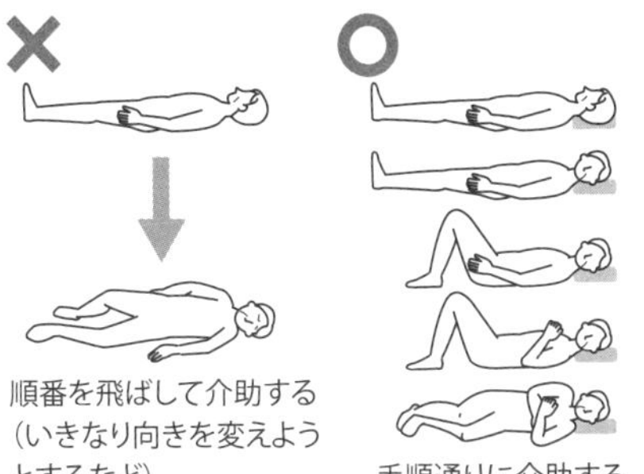

Column　体格差のある利用者の寝返り介助のポイント

介護職と体格差のある、大柄な利用者を寝返り介助する際、どうしても利用者の背中奥まで届かないことがあり、力任せで介助する場面が見られます。

そうした場合、一度に身体を動かそうとするのではなく、手順を分けて側方に移動させる方法があります。①下肢→②お尻・骨盤側→③（枕を含む）頭側とおおよそ3つに分けてベッドの側方に移動させることで、利用者の背中奥に手が届き、介助しやすくなります。

2-3 起き上がり

起き上がりは寝返りと同様、利用者の力を引き出すうえで重要な動作です。「安定した座位」のためにも、動作の流れや根拠をしっかりマスターしましょう。

起き上がり（側臥位→端座位）の流れ

❶側臥位になる

❷寝返り側の腕を45度の角度で開く

起き上がるときに上半身を腕で支えやすくなります。

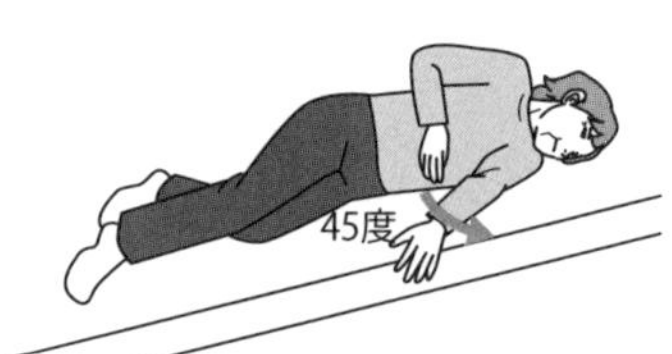

❸ひざを90度近く曲げて胸に近づける

重心が頭側かつ前側に移動し、骨盤を軸に起きやすくなります。

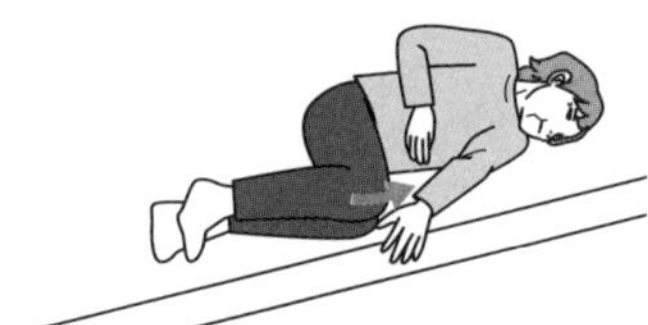

❹ひざから下をベッドから下ろす

寝返る側と反対の腕でも上半身を支えます（下の腕を補助する）。

❺あごを引いて頭を上げる

❻前腕〜ひじで上半身を支える

上半身を前かがみさせながら起こし、前腕〜ひじで支えます。

❼手のひらをベッドにつき、ひじを伸ばす

❽起き上がり状態（＝端座位）

起きた後も傾いていないか、足の裏が全面床についているかチェック。

動作の「なぜ?」がわかる!　なぜ、一度側臥位にするの？

➡ 支持基底面が狭くなり、動作が容易になるためです。

仰向けからそのまま起き上がるのは腹筋を使うなど大きな力が必要です。介助する際などは十分に側臥位にしてから起き上がり支援をするのが望ましいです。

起き上がり介助（側臥位→端座位）

❶ベッドの高さを整える

利用者の足の裏全面が床につくよう調整します。

❷側臥位にする

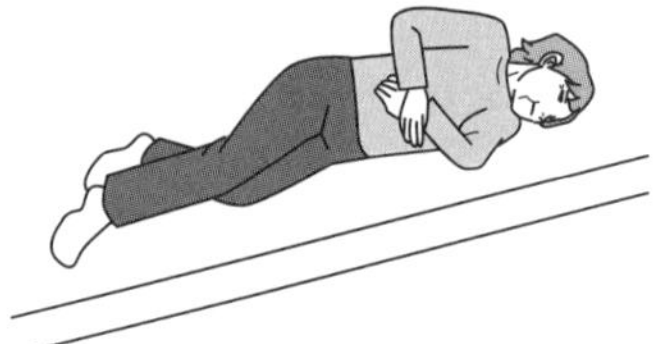

❸下側の腕を前に出す

寝返る側の肩甲骨およびひじから先を支え、肩甲骨側から慎重に横に広げます。

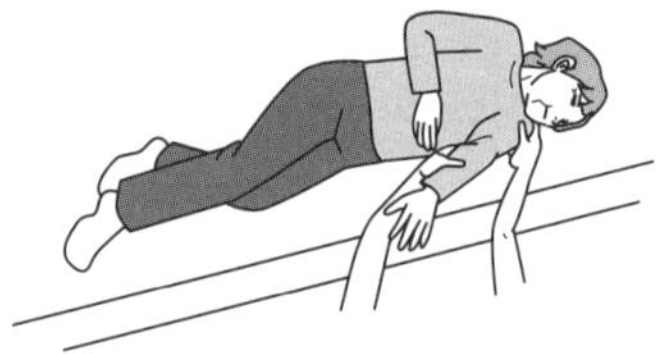

❹深く両足を曲げる

90度以上股関節を曲げ、寝たままひざを胸に近づけます。

❺ひざから下をベッドから下ろす

下腿（ひざ～くるぶし）の下から手を当てて足全体を支え、ベッドから下ろします。

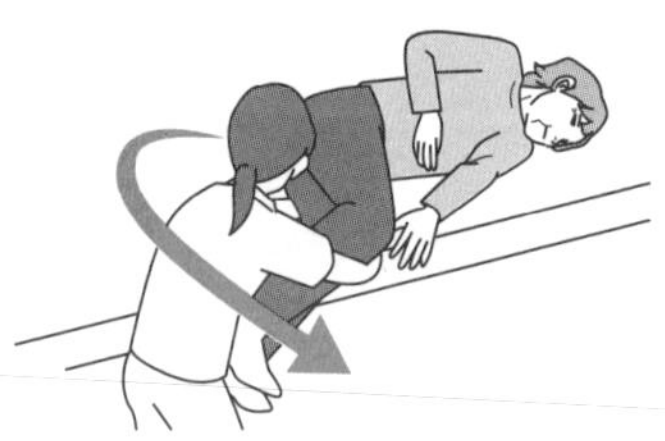

❻頭部を前屈させる

❼右手で肩甲骨、左手で骨盤を支える

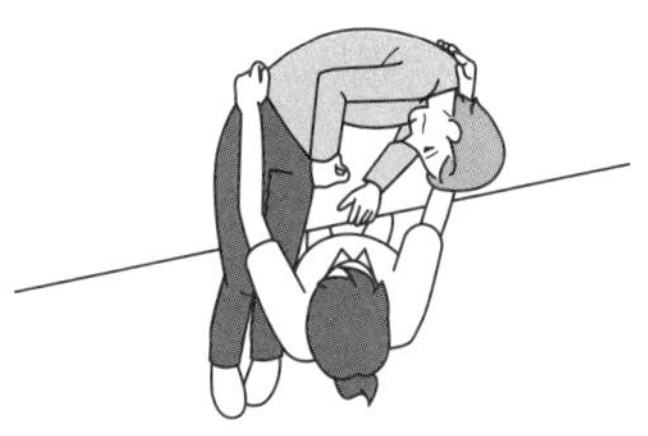

❽手前に弧を描くようにして引く

ベッドの下を覗き込み、お辞儀するイメージで弧を描いていきます。「お辞儀してください」と声をかけながら、上半身をひじの方向へ手前に引きます。

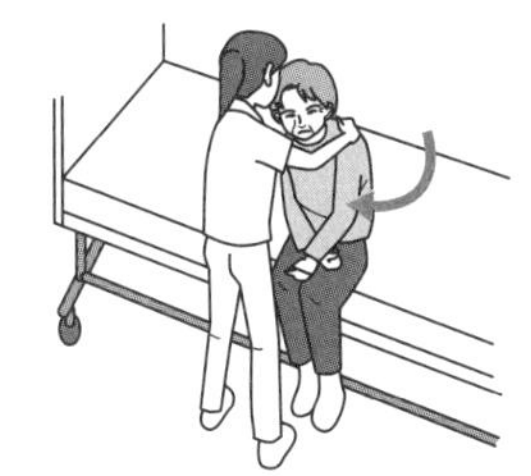

❾ねじれや傾きがないか、足の裏全面が床についているか確認する

大柄な（体格差のある）利用者の起き上がり介助

❶ベッドの高さを整える

利用者の足の裏全面が床につくよう調整します。

❷仰向けの状態で、股関節とベッドの曲がる位置を合わせる

ベッドの曲がる位置が腹部だと背骨を圧迫してしまいます。

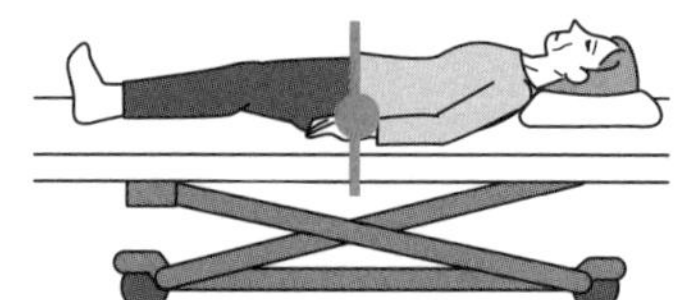

❸側臥位にする

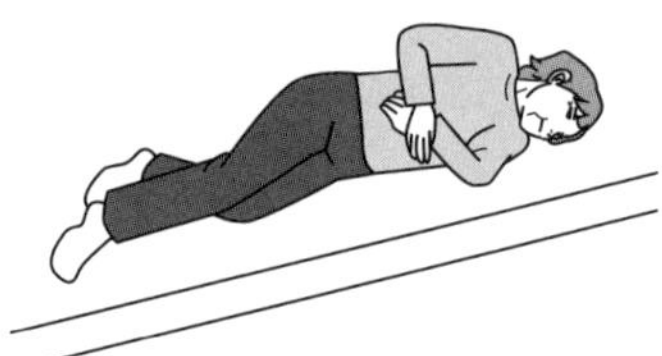

❹下側の腕を前に出す

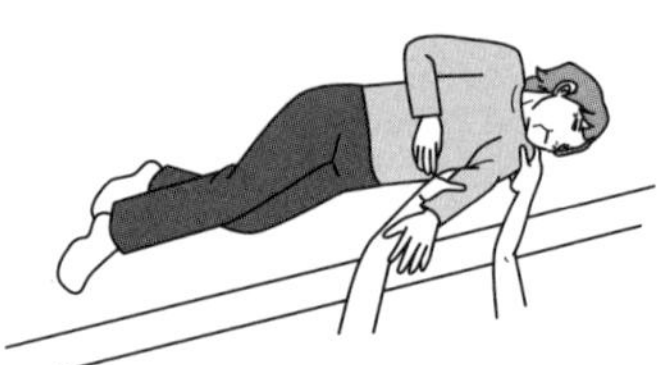

❺深く両足を曲げる

寝たままひざを胸に近づけ、90度以上股関節が曲がるようにします。

❻ひざから下をベッドから下ろす

ひざの裏に手を当ててベッドから下ろす。
このとき、虫様筋握りを心がけましょう。

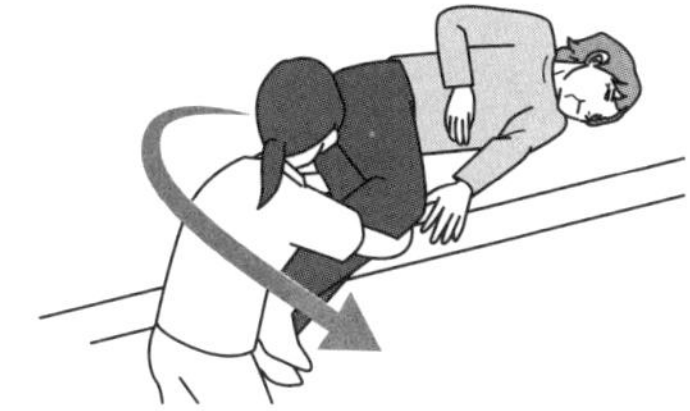

❼ずり落ちないよう骨盤もしくは肩を支えて、ギャッチアップを行う

利用者の状況に合わせて15～20度程度背上げを行います。

❽手前に弧を描くように起こしていく

動作の「なぜ?」がわかる!　なぜ、ギャッチアップするの？

➡ **心不全などの症状改善や食後の逆流予防になるためです。**

体格差のある利用者や身体の大きい利用者や、肺炎や心不全など呼吸や循環器系の負担を減らす必要のある利用者に背上げ機能(ギャッチアップ)を使うのは、力任せの介護をしないため効果的です。ただし、むやみにギャッチアップを使うのは、貧血や起立性低血圧を引き起こす可能性もあるので、効果を正しく理解し、対象者や必要な場面を見極めましょう。

起き上がり機会を増やすことの効果

高齢になると身体機能の低下などにより、起き上がりが億劫（おっくう）に感じられ、臥床時間（ベッドなどで横になる時間）が長くなることがあります。しかし、「起き上がり」の機会が少ないと、下記のようにさまざまな課題が生じます。定期的に起き上がりの機会を設け、利用者の「残存機能」を活かした支援を意識しましょう。

その際、ただ起き上がりの回数だけを増やしても意味がありません。お手伝いなどの役割をお願いしたり、レクリエーション活動に誘ったりするなど、起き上がる動機を与えることが大切です。

▼起き上がりの機会が少ない

睡眠のリズム	リズムが崩れ、日中に眠気を引き起こす
血液のめぐり	末梢循環不全や起立性低血圧を引き起こす
筋力	太ももなどの大腿部や腹部の筋力低下
拘縮	１週間動かないと筋性拘縮が生じやすい
排泄	便秘を引き起こしやすくなる

▼起き上がりの機会が多い

睡眠のリズム	脳が覚醒し、覚醒と睡眠のリズムが整う
血液のめぐり	全身の血液循環が促進
筋力	抗重力筋が働くので、筋力が維持される
拘縮	股関節を深く曲げるので周囲の筋肉も柔軟に
排泄	腸のぜん動運動が活発になり便秘の解消に

2-4 立ち上がり

立ち上がりや着座は自然な動きとバランスを意識して自立を促すようにします。動作の流れや根拠をしっかりマスターしましょう。

立ち上がり（座位→立位）の流れ

❶座位を整える

座面の高さは、大腿（ひざと股関節を結ぶ線）が床と水平程度になるようにします。足を引いた際に足の裏が全面床につくようにします。

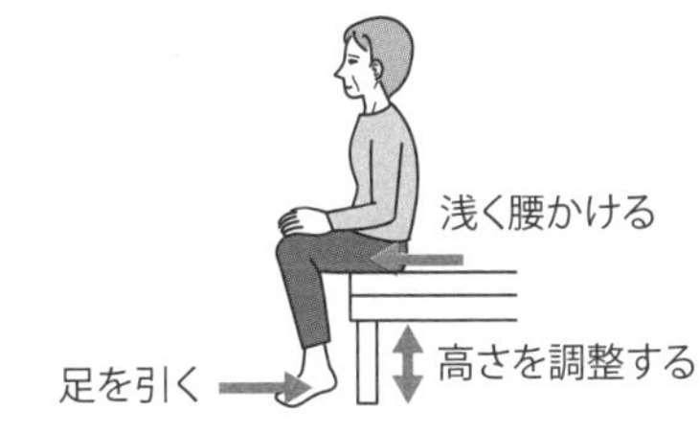

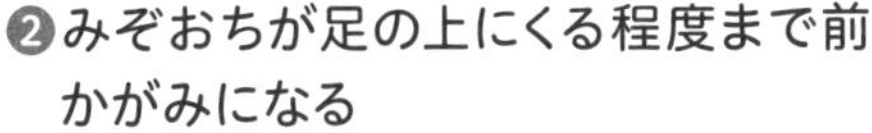

❷みぞおちが足の上にくる程度まで前かがみになる

腰を起こしてから上半身を前に倒します。重心が支持基底面に入るようみぞおちが足の上にくるあたりを目安にします。

❸お尻をベッドから離す

❹ひざを伸ばす

股関節（下腹部付近）を前に出しながらひざと上半身を起こしていくイメージです。

❺立ち上がり（立位）

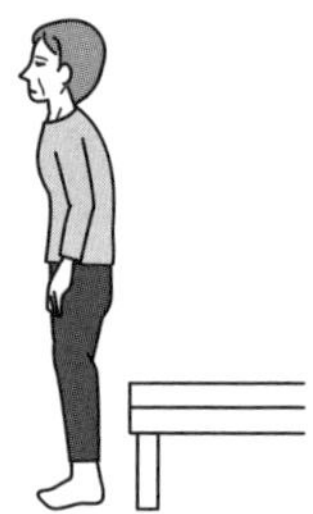

動作の「なぜ?」がわかる!　なぜ、立ち上がるときに浅く腰かけるの？

➡ 足を引くことで、立ち上がりやすくするためです。

いすから立ち上がる際は、両足を引き、前かがみになります。深く腰かけると足が引けない（引きづらい）ため、ひざに負担がかかったり、転倒するおそれもあります。

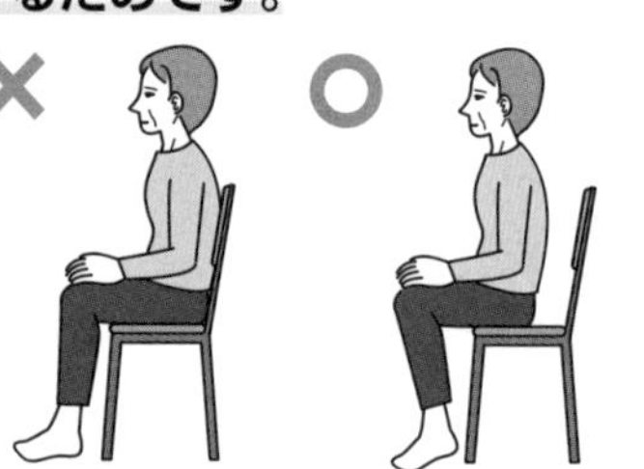

動作の「なぜ?」がわかる!　なぜ、前かがみ姿勢になるの？

➡ 重心を前方へ移動させ、お尻が浮きやすくなるためです。

介護現場では前傾運動を十分に引き出せないまま立位しようとする場面が多くみられます。立ち上がる際は、直線的には立ち上がることはできないので注意しましょう。

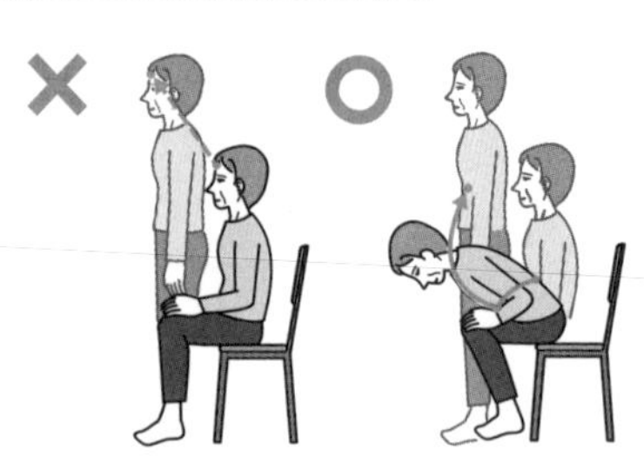

立ち上がり介助（座位→立位）

❶座位を整える

このとき、靴をしっかりと履いているか確認しましょう。ベルトがゆるんで、隙間があると、バランスを崩しやすくなります。

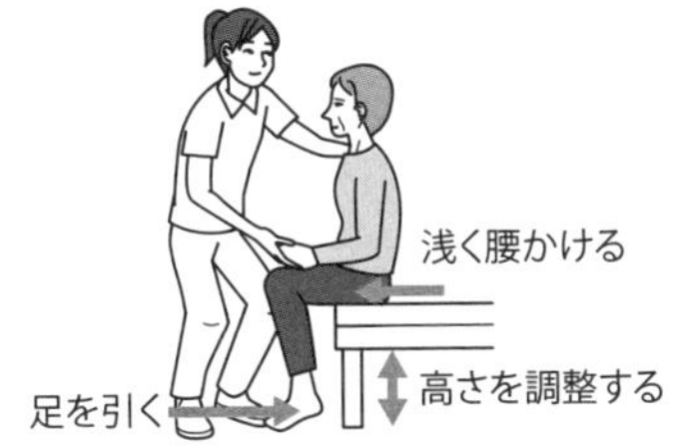

❷足を前後に広げて腰を落とし利用者と目線を合わせる

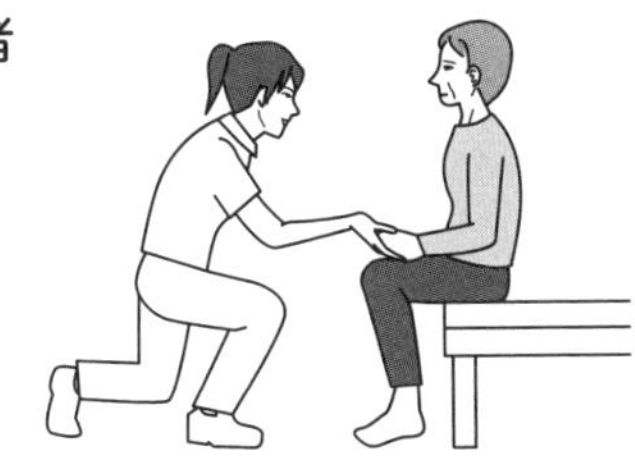

❸介助の程度に合わせて支える

利用者の程度に合わせて、以下の3つの方法のどれかを選択し介助しましょう。

- **一部介助の場合――手のひらを支える方法**

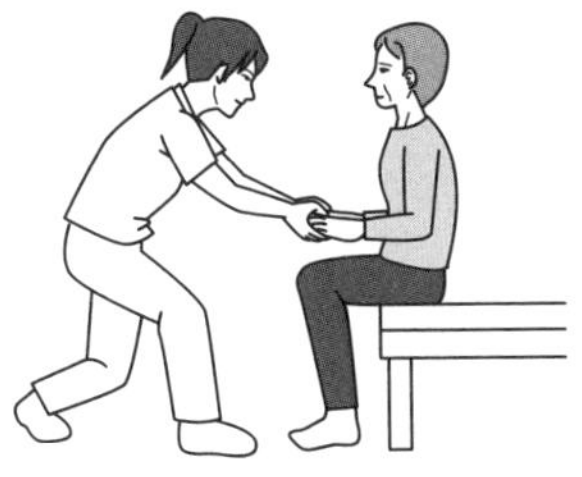

- **中等度介助の場合――前腕（手～ひじ）を支える方法**

◉**最大介助の場合——脇の後ろから肩甲骨に手を回して支える方法**

❹前かがみになるよう促す

頭部のみを下に落とす利用者がいます。「腰を起こしてください」と声をかけ、上半身全体が前かがみになるよう促します。

❺後下方へ（斜め下へ）引く

介護職はゆっくりと体重をかけて斜め後ろ下へ体重移動します。その際、腕は固定し腕の力だけで引っ張らないようにします。

❻上半身を天井に向けて伸びをさせる

ひざを伸ばすだけだと、上半身が起き上がらず頭が下がってしまいます。腰とひざを天井に向けて伸ばします。「おへそを前に出して伸びをしましょう」など声かけを工夫しましょう。

❼立ち上がり（立位）

動作の「なぜ?」がわかる!　**なぜ、前後に足を開いて介助するの？**

➡ 後ろに重心移動できないためです。

横に足を開いて介助すると前後の重心移動ができません。立ち上がりを介助する際には前後に対応できるように足を前後に開きます。

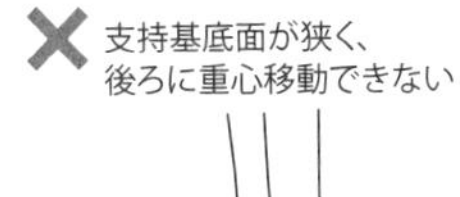

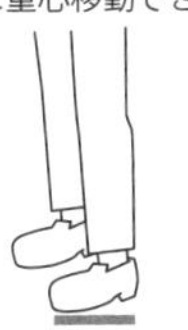
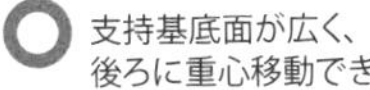

動作の「なぜ?」がわかる!　**なぜ、上に引っ張ってはいけないの？**

➡ 前かがみ姿勢をとるほうが自然に立ち上がることができるためです。

介護現場では腕のみを引っ張り上げてしまう場面を見かけますが、利用者の力を活かせず、腕や肩を痛めてしまう危険性があります。

片麻痺のある利用者の立ち上がり介助

❶座位を整える

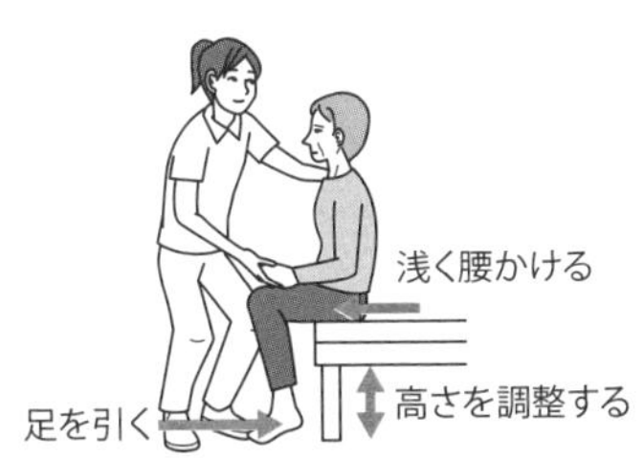

❷利用者の麻痺側に座り、手すりや柵などの支持物を持ってもらう

❸麻痺側の肩と腰を支えて姿勢を整える

非麻痺側に頼ってしまいバランスを崩しやすいので、体の軸を真ん中（正中位）に整えます。

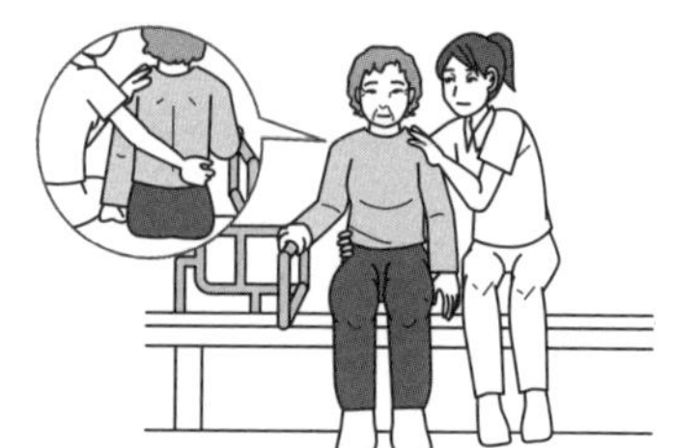

❹麻痺側のひざ頭と腰側に手を当てる

介護職はやや前傾して利用者の麻痺側のひざと、骨盤を手のひら～前腕にかけて支えます。

❺一緒に前かがみになり、お尻を浮かせる

「腰を起こしましょう」「お辞儀をしましょう」などと声かけをしましょう。ひざに当てた手は、足底方向へ押すようにします。

❻ひざと骨盤を徐々に伸ばす

ひざに当てた手は後ろへ、骨盤に当てた手は斜め前上方向へ支えて少しずつ伸ばします。

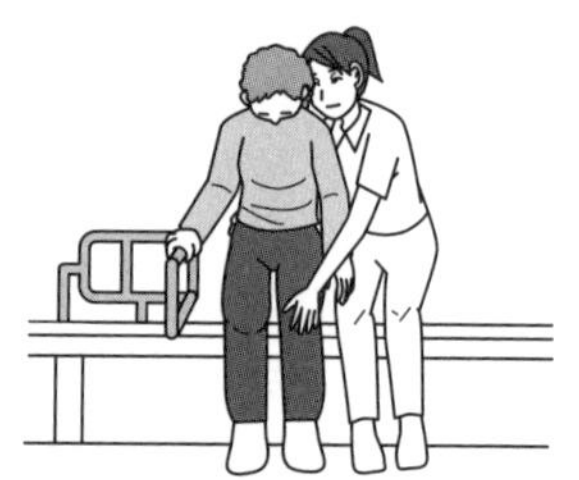

❼ひざを支えていた手を胸（鎖骨下付近）に当てる

上半身の伸びをサポートするため、安定する高さになってから当て直します。

❽胸を張るようにして伸びをしてもらい、立ち上がる

動作の「なぜ?」がわかる!　**なぜ、通常の柵よりL字柵のほうが適切なの?**

➡ **通常の柵より前傾を促すことができて安全だから。**

通常の柵（自分の真横に柵がある状態）から立ち上がろうとすると、お尻が浮かず、尻もちをつきやすくなるため危険です。

ひざに痛みを抱える利用者の立ち上がり介助

❶若干高めに座位を整える

ひざの痛みがあるので、座位が安定してとれる程度に若干高めにする。

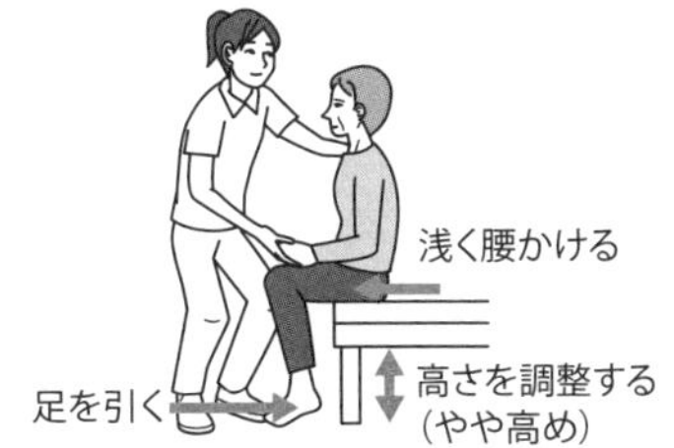

❷利用者と目線を合わせるよう腰を落とす

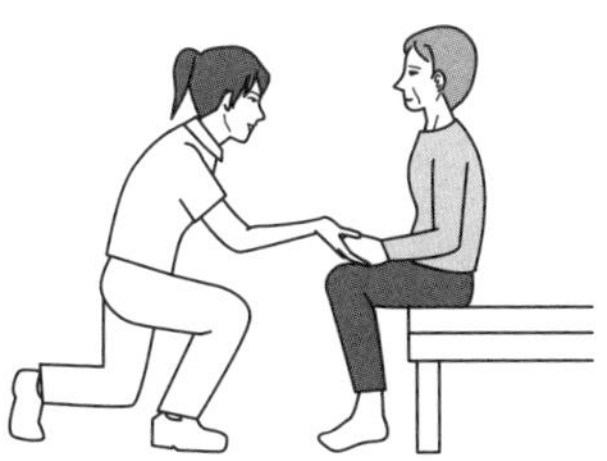

❸足を閉じ、つま先を正面にそろえる

肩のラインにひざとつま先が合うようにします。

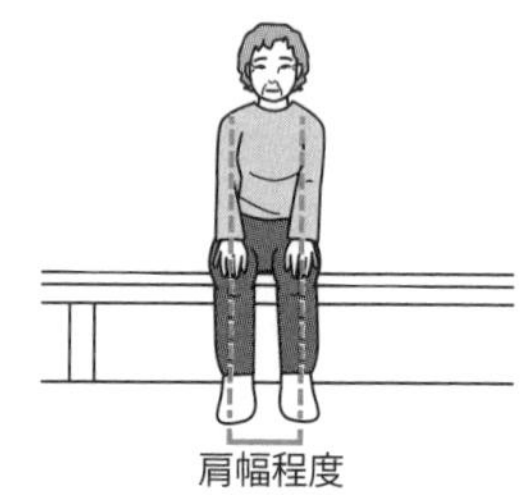

❹介助の程度に合わせて支える

●一部介助の場合――手のひらを支える方法

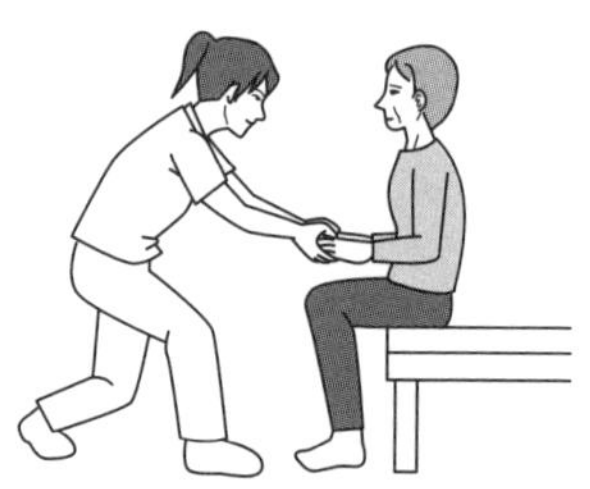

●中等度介助の場合――前腕（手～ひじ）を支える方法

●最大介助の場合――脇の後ろから肩甲骨に手を回して支える方法

❺前かがみになるよう促す

❻（足が開いてしまう場合は）介護職の両ひざで利用者の両ひざを当てて正面に向ける

両ひざの外側に向かないよう介助者の両ひざを当てて支えます。

❼胸を張るようにして伸びをしてもらう

動作の「なぜ?」がわかる!　なぜ、つま先を正面にそろえるの？

➡ **ガニ股で立ち上がり動作をすると痛みや変形を悪化させるためです。**

ひざに痛みを抱えている利用者はひざや足先が外に向いている（ガニ股）ことが多いです。正面に向け身体の向きをそろえて立ち上がるようにします。

2-5 着座

着座は、立ち上がり介助の逆の動作をすればいいわけではありません。自然な動きとバランスを意識しながら介助しましょう。

着座介助をする際、「立ち上がり介助の逆の動作をすればいい」と考える介護職は多いですが、これは大きな間違いです。なぜなら、立ち上がりのような重力に反する動作とは違い、着座では利用者が重力に身を任せすぎてしまい、危険なためです。

適切な介助をしないと尻もちをつき、けがをする事故が後を絶ちません。介護職は動作一つひとつに注意しなければなりません。

着座（立位→座位）の流れ

❶立位

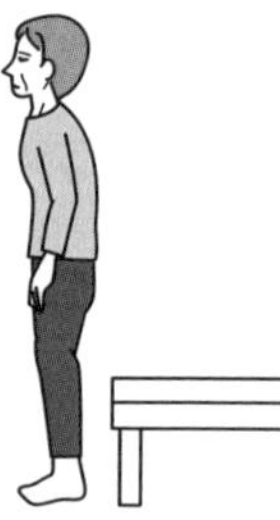

❷ひざを曲げて沈み込む

❸前傾しながらさらに沈み込む

最も足に負担がかかる姿勢です。重心が支持基底面内に安定してキープできるよう十分な前傾が必要になります。

❹お尻がベッド（いす）に接地する

ドスンと座ると、脊椎（背骨）を圧迫骨折することがあります。ゆっくりと座るようにしましょう。

❺上半身を起こし、座位の姿勢をとる

座った後の排泄や手作業、食事などの活動がしやすくなるよう整えましょう。

動作の「なぜ？」がわかる！　なぜ、お尻から座ってはいけないの？

➡ 「ドスン！」と尻もちをついてしまい、危険なためです。

介護現場では、十分に前傾することなくお尻から座ってしまい、お尻をけがしてしまったり、最悪の場合、脊椎を圧迫骨折してしまい寝たきり状態になってしまうケースがあります。立ち上がり同様、前かがみ姿勢を十分に経由して座るよう注意して見守りましょう。

着座介助（立位→座位）

❶ベッド・いすの高さを整える

利用者の足の裏全面が床につくよう調整します。

❷足を前後に広げて構える

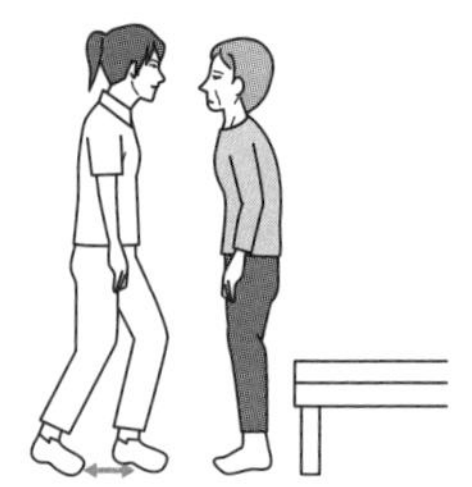

❸介助の程度に合わせて支える

◉一部介助の場合——手のひらを支える方法

◉中等度介助の場合——前腕（手～ひじ）を支える方法

◉最大介助の場合——脇の後ろから肩甲骨に手を回して支える方法

❹前かがみになるよう促す

利用者が後ろに重心を持っていかないよう注意します。みぞおちが足の上にある状態をキープし、「お辞儀をしましょう」「ゆっくり座りましょう」などと声かけをしましょう。

❺一緒に両ひざを曲げていく

❻お尻がベッド（いす）に接地する

❼上半身を起こす

「体を起こしてください」「頭を上げてください」など声かけをし、利用者自身でできることを促します。

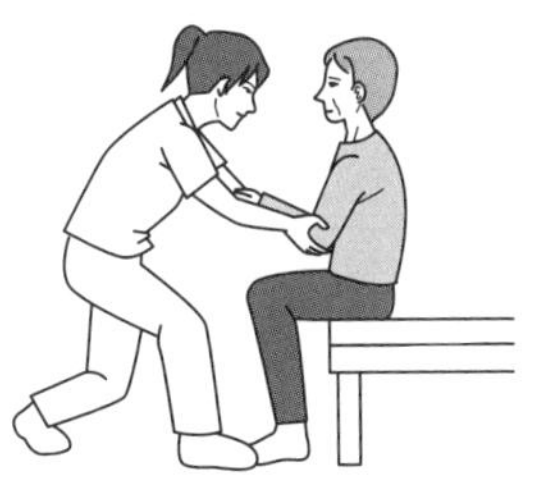

片麻痺のある利用者の着座介助

❶ベッド・いすの高さを整える

利用者の足の裏全面が床につくよう調整します。

❷利用者の麻痺側に立つ

麻痺があると利用者が身体的、心理的にも不安なため、介護職は麻痺側に立ちます。

❸麻痺側の鎖骨下と非麻痺側の腰へ手を回して姿勢を整える

非麻痺側に傾きやすいため、身体の左右の真ん中のラインに整えます。

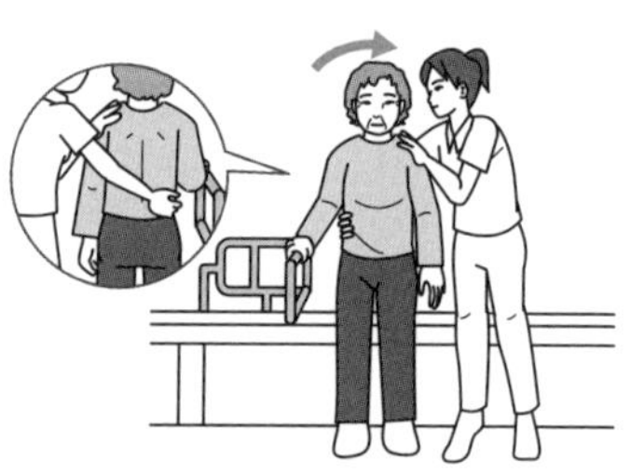

❹介護職も一緒に前かがみになる

腰が揺れていないか気をつけつつ、ひざが勢いよく折れないよう手でおさえます。

❺一緒に両ひざを曲げていく

- ❹と同様、腰が揺れていないか、ひざが勢いよく折れないか注意します。
- 座る途中でも非麻痺側に傾かないよう支えます。

❻一緒にお尻がベッド（いす）に接地する

❼ひざを支えていた手を胸（鎖骨下付近）に当て、一緒に上半身を起こす
安定して座れるよう身体の左右の真ん中のラインに整えます。

動作の「なぜ?」がわかる!　なぜ、ひざを支えるの？

➡ **緊張を高めたり、麻痺を悪化させないためです。**

麻痺によってひざの曲がり具合がわかりづらく、バランスも安定しづらいです。

ひざに痛みを抱える利用者の着座介助

❶ベッド・いすの高さを調整する
利用者の足の裏全面が床につくよう調整しますが、ひざを不用意に伸ばさないようやや高めに設定します。

❷（ガニ股になっている場合）骨盤を片側ずつ斜め上に支える
重心が片側に寄るので、（次の動作の）足先・ひざを正面へ動かしやすくなります。

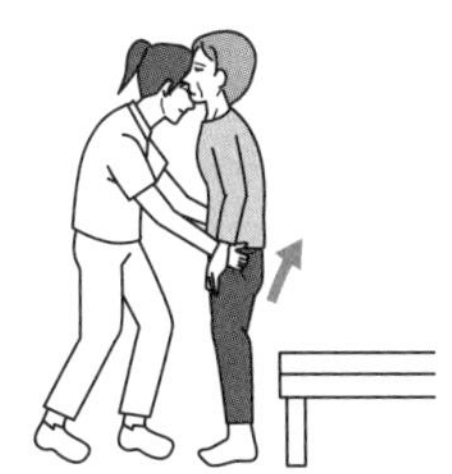

❸片側ずつ足を閉じ、つま先を正面にそろえる

❹介助の程度に合わせて支える

◉一部介助の場合——手のひらを支える方法

◉中等度介助の場合——前腕（手～ひじ）を支える方法

◉最大介助の場合——脇の後ろから肩甲骨に手を回して支える方法

❺両ひざの外側に介助者の両ひざを当てて支える

両ひざの痛みが強い場合や外に開いてしまう場合に支えます。片ひざのみ痛みがある場合は症状の強い側を外側から支えます。

❻前かがみになるよう促す

利用者が後ろに重心を持っていかないよう注意します。また、ひざの負担を減らすため十分に前かがみを促し、みぞおちが足の上にある状態をキープしましょう。

❼お尻をベッド（いす）に接地させる

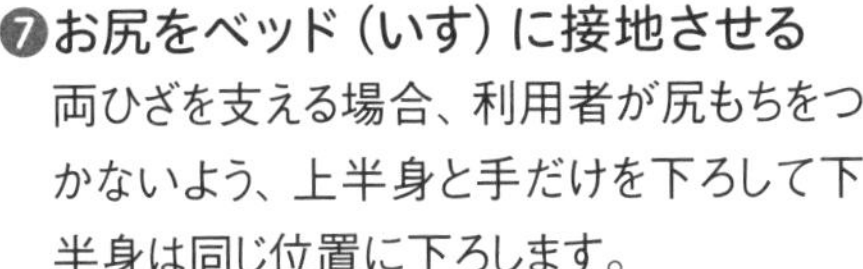

両ひざを支える場合、利用者が尻もちをつかないよう、上半身と手だけを下ろして下半身は同じ位置に下ろします。

❽上半身を起こす

胸を張るようにして伸びをしてもらいます。

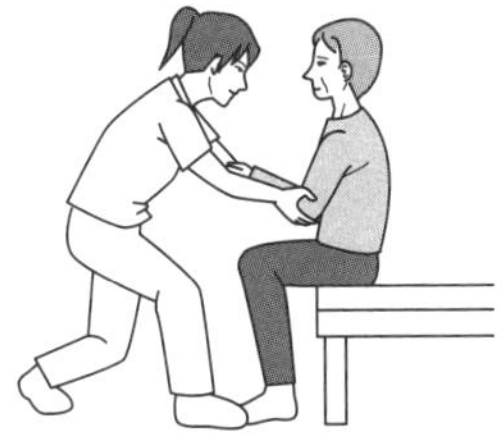

Column　介護職がひざの痛みや変形を悪化させる？！

立つときよりも座るときのほうが、ひざに負担がかかります。そのため、不適切な方法を繰り返してしまうと、よりひざを悪化させることになります。

以下の３点を工夫することで、症状の悪化予防や緩和することができます。

①座る前に姿勢（足）を整える
②ひざを支える
③十分に前かがみを促す

なお、「③十分に前かがみを促す」際は、必ず介護職も利用者と同じように腰を落としましょう。

第3章

褥瘡・拘縮予防

3-1 褥瘡・拘縮に関する基礎知識

とくに寝たきり状態の利用者の状態を理解するうえで、多くの現場で起こる「褥瘡・拘縮」について知識を整理しましょう。

褥瘡とは

褥瘡（じょくそう）（床ずれ）とは、皮膚や皮下組織への圧迫が持続することで、皮膚が赤くなり壊死（えし）してしまった状態を指します。麻痺などがあり自分で体位変換ができない場合に生じやすいです。

片麻痺がある場合、患側（かんそく）（麻痺や障害がある側）は血液が巡りにくいため、持続的な圧迫を受け続けると褥瘡が生じやすくなります。

褥瘡が起きてしまう要因はさまざまです。長時間同じ体位による圧迫や、服のしわやベッドのシーツなどとの摩擦やずれ、「食欲がなくなる」といった栄養状態の低下も褥瘡が起きやすい要因です。皮膚の状態を常に確認し、早期発見できたら適切な対応をして、再発させないよう工夫していくことが大切です。

▼褥瘡が起こりやすい部位

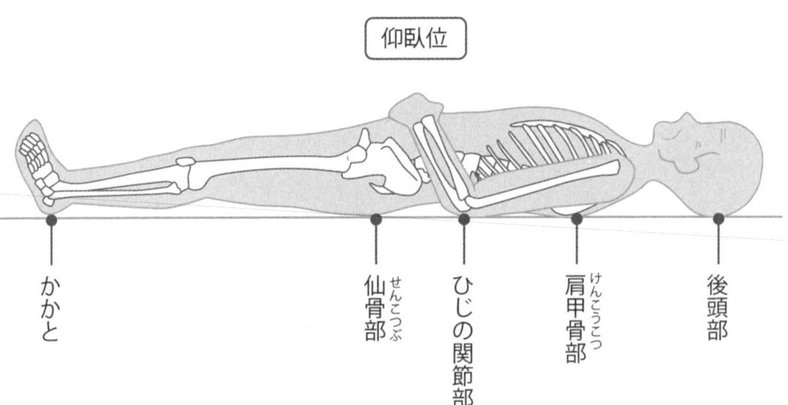

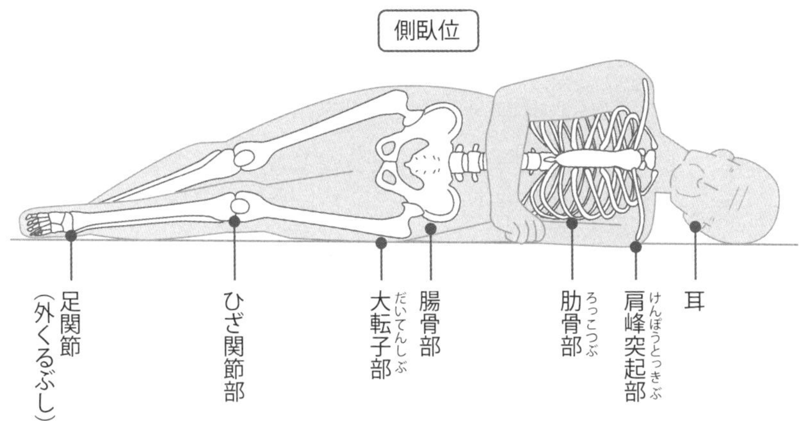

拘縮とは

拘縮とは、関節の動きが制限された状態のことを指します。具体的には関節が「曲がりにくい」「伸びきらない」状態です。

▼拘縮の例

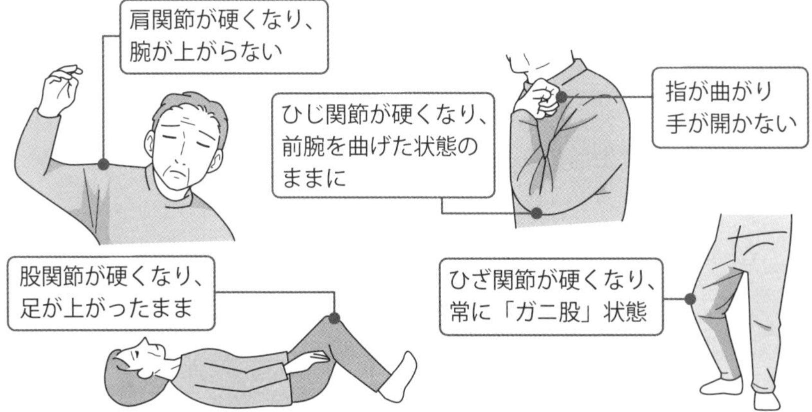

ポジショニングとは

ポジショニングは、褥瘡や拘縮、浮腫（むくみ）などを緩和させる方法の一つです。動きに制限のある利用者の姿勢を少しでも安定させ、体重をいろいろな部位に分散させるように支援します。

たとえば、寝たきり状態になっている方は、後頭部から首の後ろ、肩甲骨～上腕の後ろ、太ももの付け根から足首付近などをクッションで支え、身体をあずける部分などにクッション等で支え、身体をあずけられる部分を増やすことによって姿勢が安定します。適切に支えることで、強ばって曲がった指やひじ、足の力が抜けていき、拘縮予防にもつながります。

進行を遅らせるためのリハビリ

拘縮や浮腫を緩和させる方法として、ポジショニングのほかに、自分で少しでも身体を動かしてもらったり、関節を動かすなどのストレッチがあります。こうしたリハビリ訓練は、作業療法士や理学療法士に付き添ってもらいつつ、指導を受けながら適切に行うとより効果的です。

１日に１度でも多くの機会があると、中長期的にとても大きな差が生まれます。

以下のように、日常生活のケアの中で取り入れることが、継続のポイントです。

- 着替えや入浴時に無理なく脇や指、足を開く
- 移乗する際、直立してから方向転換する
- 頭部や首が後屈しないよう前屈して、首の後ろ側や後頭部に隙間がないよう枕を整える

3-2 ポジショニングの準備

寝たきり状態の利用者への支援方法の一つである正しいポジショニングを理解して、実践することが大切です。ポジショニング前のチェックポイントを紹介します。

ポジショニング前にチェックすべきポイント

衣類やシーツのしわ

自力で体位を変えることが難しい利用者に関わる際、衣類にしわが寄っていたり、めくれ上がっていることがよくあります。

衣類のしわが残ったままクッションやタオルを挿入してポジショニングしても、その効果は半減します。衣類にしわやめくれがないか確認し、まずそれらを取り除くようにしましょう。具体的な手順は、以下の通りです。

手順

❶衣類にしわのある上肢または下肢を支えて浮かせる（衣類を通せる最低限の高さ）
❷しわを伸ばす際は皮膚への摩擦を避け、ベッド側に押さえて伸ばす
❸ゆっくりと上肢または下肢を下ろす

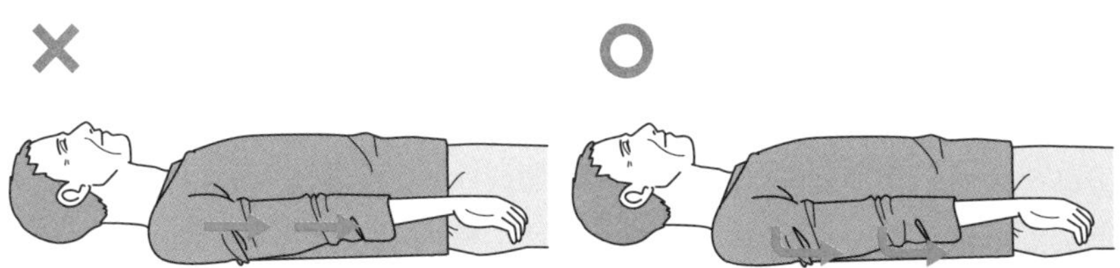

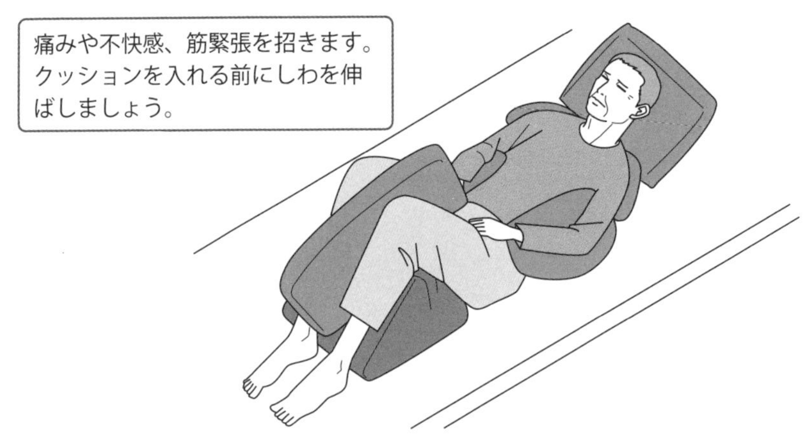

また、スライディンググローブを利用すると、身体を持ち上げずにしわを伸ばすことができます。背中にしわがあれば、体位変換後にクッションやタオルを当てる前に伸ばすようにしましょう。いずれの場合も、ゆっくりと短く複数回に分けて伸ばすことで皮膚への摩擦を防ぐことができます。

ねじれや傾きを整える

寝ている姿勢がねじれていたり傾いたりすると、苦痛が長時間持続することになります。

たとえば、上半身と下半身にねじれが生じていると、胸の動きが制限され肺が広がりにくくなり呼吸が苦しくなります。なるべく多くの酸素を取り入れようとして呼吸が増えたり肩や首周りなどの筋肉が緊張します。また、ねじれによる身体の非対称な状態を直そうと腰背部や四肢の筋肉も緊張します。長期化すれば脇や股が開きづらくなり、着替えやおむつ交換など日常生活介護に支障をきたします。

これらを予防するためにはねじれの有無とその程度を確認する必要があります。その指標となるのが、**左右の肩峰（けんぽう）（肩の出っ張り）を結んだライン**と**上前腸骨棘（じょうぜんちょうこつきょく）（腰骨の出っ張り）を結んだライン**です。

肩と腰のラインが水平でなければ、上から見たときには傾き、もしくは頭

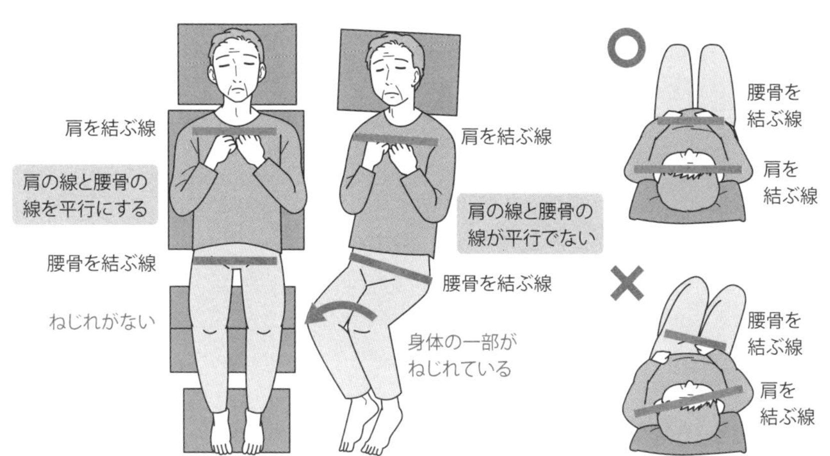

肩と腰のラインが水平でない場合、上から見たときには傾き、頭側(または尾側)から見た場合はねじれがあると解釈できます。それぞれ水平になるように肩や骨盤を整えていくことで、筋緊張が緩和し呼吸も安楽になります。

側から見た場合はねじれがあると解釈できます。それぞれ水平になるように肩や骨盤を整えていくことで、筋緊張が緩和し呼吸も安楽になります。

安全でラクな姿勢へと整えられるよう、傾きやねじれを修正した上でクッションやタオルで支えるように心がけましょう。

隙間が生じる部位とクッションの当て方

次に身体とマットレスの間の隙間の大きさや形状を確認し、そこにクッションやタオルを使用して身体を広く支えます。

隙間があると身体を支えている面積が小さくなり、かかとや仙骨後面、胸椎部、後頭部への圧が高まります。すると、血行障害を起こしやすくなり、その時間が長いほど大きな痛みや褥瘡につながるのです。とくに寝たきり状態の要介護高齢者は、筋肉や脂肪といった軟部組織が少なくなる傾向にあり、隙間がより大きくなる悪循環にあります。

ただし、ただ隙間を埋めればいいわけではありません。

たとえば、下肢の裏に広く隙間ができているからと、ひざの裏のみにクッションやバスタオルを当てている対応をよく目にします。この対応では下腿

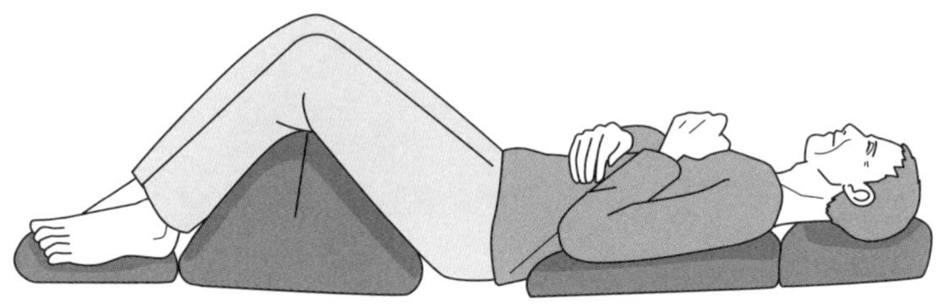

や大腿(だいたい)の裏に隙間が残り、かかとやひざの裏、仙骨に圧が集中し十分に力が分散されません。また、接触面積が少ない分、下肢は不安定なままのため、安定させようとさらに下肢を曲げる筋緊張が高まります。さらに、痛みや不安定な状態が持続することで、拘縮に至る危険性があります。

タオルやクッションなどを用いてポジショニングを行い隙間をなくし、身体を支えていきましょう。下肢であれば臀部や大腿の付け根側から、上肢であれば肩甲骨や肩関節に近いところから末梢(まっしょう)へと順に支えていくことで、隙間があきづらく緊張も緩和しやすくなります。

クッションの特徴を理解して使用する

ポジショニングをする際、クッションの一つひとつ異なる以下の特徴を確認して選択するようにしましょう。

▼着目すべきクッションの特徴

①形状
②やわらかさ
③大きさ
④質感
⑤（中身の）流動性

たとえば、①円柱型の、②硬い、③身体の幅ほどの長さで、④ツルツルした、⑤流動性の高いクッションをひざの裏の隙間に入れると、実際の隙間の形状は下腿や大腿の裏の曲線を考慮した三角形のようなものになるため、それとは異なり広い面積で支えることができません。

また、必要以上に硬いと接触圧が高まり、痛みや血行障害を引き起こしてしまいます。ツルツルとしたカバーでは、摩擦が少なく滑ってしまいます。クッションの中身が身体の重さによって、偏ったり潰れてしまうと支えが不十分となります。摩擦や支えが不十分で下肢が不安定だと、かえって筋緊張を高める危険性もあります。

利用者の一人ひとりに適切なクッションを選択するには、視覚で隙間の形状や大きさを確認するだけではなく、身体に触れ動かす中でどの程度の関節の曲げ伸ばし具合や支える箇所で筋緊張が増減するのかといった情報も確認していきましょう。

以上のポイントに注意し、自力で体位を変換できない利用者も安楽に過ごせる環境を整えていきましょう。

3-3 寝たきり状態にある人のポジショニングの手順

ポジショニングの手順とクッションやタオルのあて方をしっかりマスターしましょう。

30度側臥位への体位変換

褥瘡を予防する観点では、仰臥位→側臥位へ体位変換する際に30度側臥位(ベッドに対して30度身体を傾けた状態)にすることが推奨されています。しかし、ベッドと身体の接地面積が少ないため非常に不安定な姿勢になり、かえって拘縮を悪化させる危険があります。つまり、30度側臥位は褥瘡予防として必須で行うものではありません。目的と利用者の状態に合わせて先輩介護職や医療職などと適宜相談しながら行うようにしましょう。

30度側臥位(ポジショニング)の手順

❶完全側臥位にする

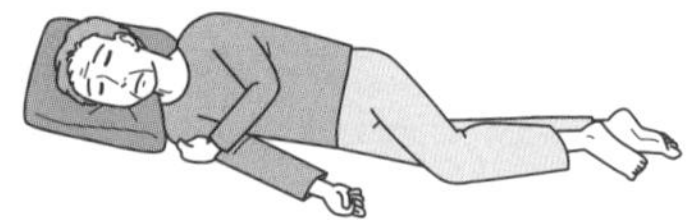

❷体幹から骨盤を支え、胴体を半側臥位の角度に整える

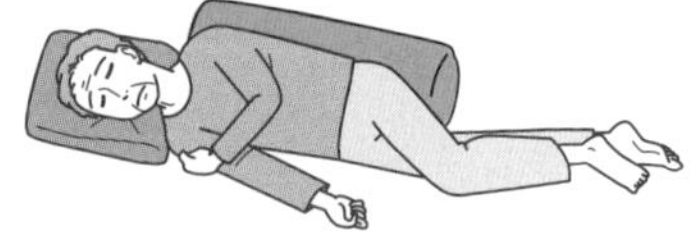

❸体の下側になっている下肢側面をクッションで支える

下側の下肢がねじれず、ひざが真っ直ぐ向くよう隙間の大きさをみながら支えます。

❹ベッドとの接触部位と身体の下側を除圧する

衣類のしわがあれば伸ばしておきます。また、下側の腕が圧迫されないよう、肩甲骨から腕を前に引き出します。

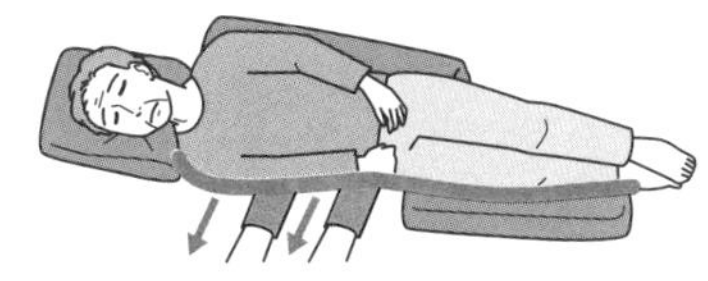

❺両足の間にクッションを挟む

それぞれの足が並行になるように挟みます。

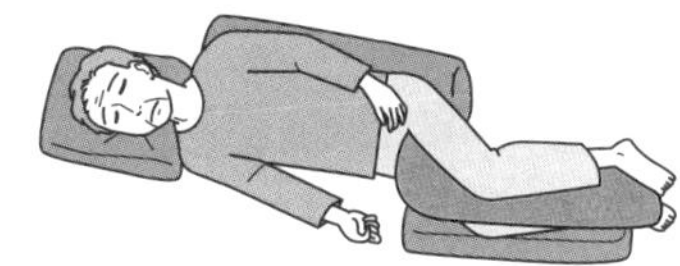

❻上肢の位置を整える

上肢全体を支えられる形、厚み、大きさに整えます。また、ひじは身体側にぴったりと位置するようにします。

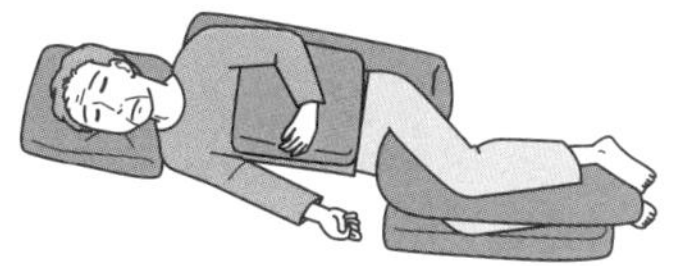

❼頭頸部を支える

頭部もねじれや傾きがないよう枕の厚みを調整します。あごが引けているか確認します（あごと喉仏の間が2指本）。

顔の中心が上半身や骨盤の中央と一直線上になるように向きを整える。

ポジショニング後のチェックポイント

頭頸部、肩(上半身)、骨盤(下半身)に傾きやねじれがないか

頭頸部が後方へ反っていないか

両下肢が水平になっているか

肩が後方へ引けていないか

頭頸部や手足、背面に隙間ができていないか

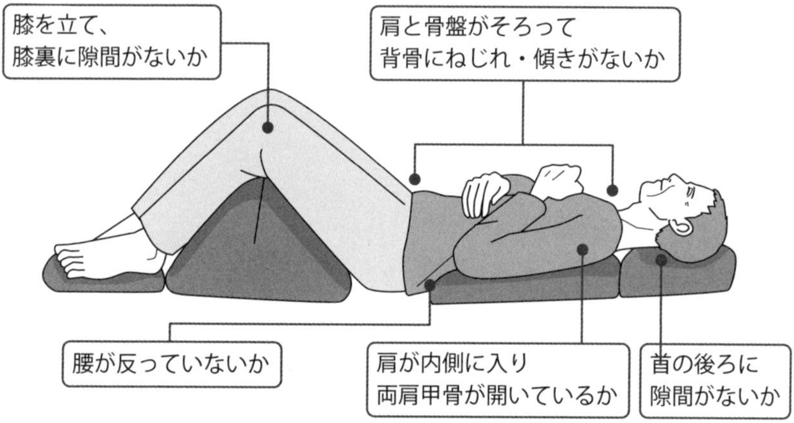

膝を立て、膝裏に隙間がないか

肩と骨盤がそろって背骨にねじれ・傾きがないか

腰が反っていないか

肩が内側に入り両肩甲骨が開いているか

首の後ろに隙間がないか

動作の「なぜ?」がわかる!　**なぜ、一度完全側臥位にするの?**

➡ 姿勢を安定させるためです。

30度側臥位などの半側臥位ではベッドに触れる部分が狭いので、まず完全側臥位にして姿勢を安定させてからクッションを当てることで、より隙間なく支えることができます。また、半側臥位にしたときにも姿勢が安定します。

「寝たきり状態」になると何がリスクか

自力で姿勢を変えることができない、いわゆる寝たきりの利用者はさまざまな面で高いリスクを抱えています。ポジショニングを行うにあたっては、次の器官を把握し利用者の状態をアセスメントしなければなりません。

感覚器系

寝たきり状態の利用者は、自力で身体の向きを変えることができないため、寝返り介助を行わない限り、同じ景色（天井や壁）を見続けることになります（視覚）。また、聞こえてくる音が変化に乏しい、他者との会話が少ない（聴覚）、皮膚への刺激が少ない（触覚）、といったことにより、認知機能が低下し、自分の状態がわかりにくくなります。

神経系

皮膚や耳、目などの感覚器からの情報は知覚神経を通じて脳や脊髄に送られますが、この知覚神経の働きが弱くなります。適切な判断・指令といった情報が脳から身体に送られにくくなるため、思うように手足を動かしづらくなります。また、自律神経にも影響が及び、覚醒などの生体リズムや体温調節などのコントロールが難しくなります。

筋骨格系

筋肉が伸び縮みし関節を動かす機会が少なくなると、筋肉や関節は硬くなります。自ら関節を動かすことが難しい場合、急に動かされるとすぐ痛みが伝わり、筋緊張が高まる恐れがあります。動かす範囲は徐々に広げていかなくてはいけません。

また、骨は一定の刺激が加わることで破壊と再生を繰り返し密度や硬さを保っています。ところが、体重をかけるなどによる骨への刺激が減少すると、骨の再生が破壊に追いつかず骨粗鬆症（こつそしょうしょう）におちいるケースが多いため、私たちの介助方法によって容易に骨折しやすい状態であることを認識しておかなくてはいけません。

呼吸器系

呼吸をするために重要な筋肉である横隔膜（おうかくまく）は硬くなり、肺を囲む胸郭（きょうかく）も硬くなり、深く呼吸をすることができません。酸素を十分に取り入れづらくなることで、脳や筋肉への酸素供給が不十分となり、ぼんやり感（覚醒の低下）があったり、手足を余計に動かしづらくなります。また、呼吸が浅くなるためにむせたりたんを十分に出すことが難しく、誤嚥性肺炎を発症するリスクが高い状態にあることを念頭におきましょう。

循環器系

自力で寝返りすることができないと、仰向けで寝ていた場合同じ箇所に圧がかかり続け、皮膚やその中の血管が圧迫され続けてしまい、血流障害を引き起こします。組織へ栄養が行かなくなり、痛みや褥瘡につながります。
身体を起こす機会も減るため心臓から全身に血流を十分に送る機能が低下し、起立性低血圧や不整脈などのリスクも高まっていることを認識しておきましょう。

第4章

車いす、移乗・移動

4-1 車いすの基礎知識

車いすの各部名称、また何を選ぶべきなのかは介護職にとって必須の知識。チャート式で確認しながら身につけましょう。

車いすの各部名称

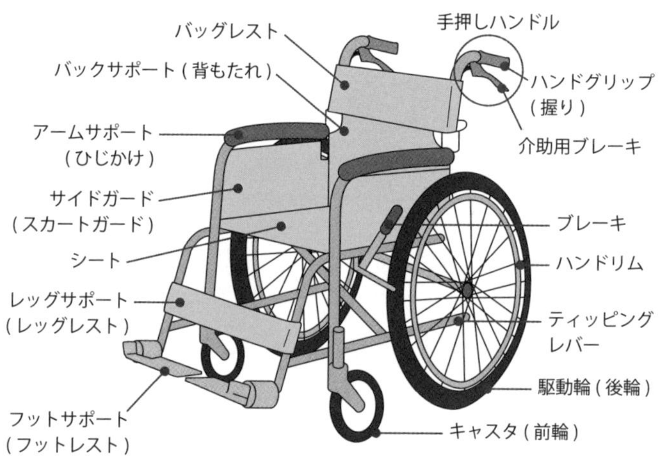

安全で快適な車いすの選び方

安心・安全な車いすの選び方のポイントは、以下の通りです。

①身体の大きさに合っているか
②移乗できるか
③座位が保持できるか
④自走か介助か必要か
⑤食事や作業など活動能力に合っているか
⑥住環境で選ぶ

▼車いすの選び方フローチャート

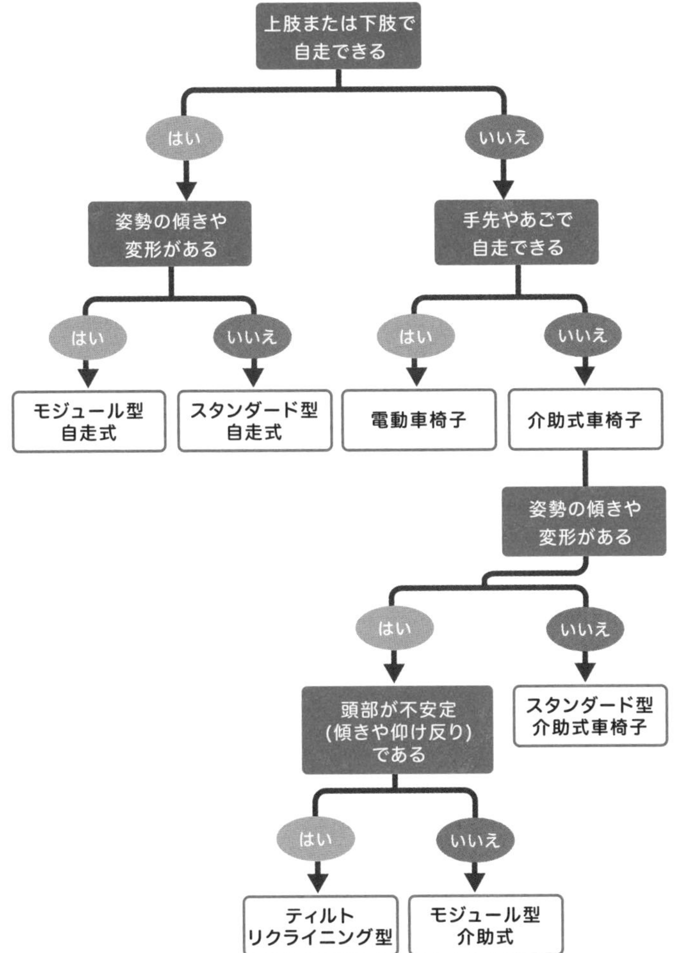

▼体形基準のチェックリスト

☑座幅：殿部と車椅子の間に左右 3 ～ 5cm ずつ隙間ができる（縦にした手が通る程度）
☑座面奥行：膝裏とシート先端が指 3 本分の隙間ができる
☑背もたれの高さ
- 自走者……肩甲骨の下まで（シートが肩甲骨に当たらない程度）
- 要介助者……基本自走者同様に肩甲骨の下までとするが、疲労しやすい、姿勢が傾きやすいなど不安定な利用者は「（脇の下から指 3 本分程）高め」のタイプも検討する

※その他、特に在宅の場合廊下の幅や曲がり角、方向転換時に壁に当たらずにスムーズにできる幅、前後径か確認する。

車いすを初めて使う際の手順

❶車いすを設置する

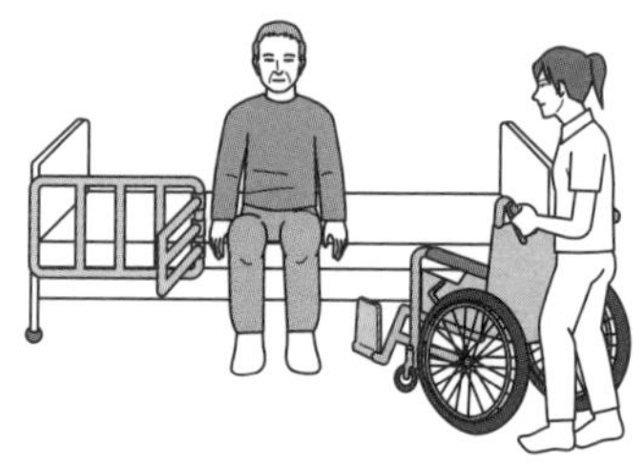

❷ブレーキの効き具合をチェックする

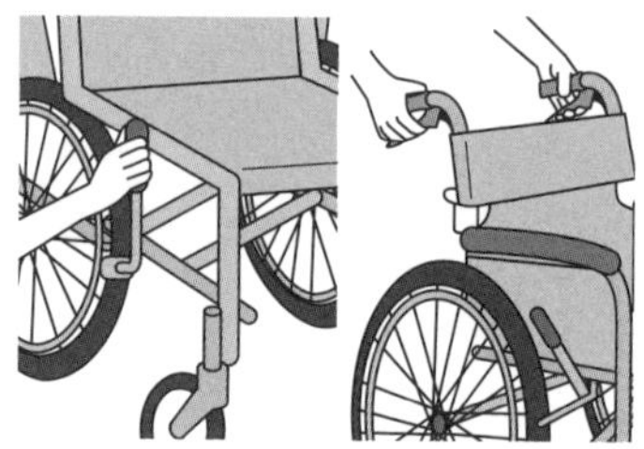

❸タイヤの空気圧をチェックする

ブレーキをかけてしっかりタイヤが動かないか確認しましょう。

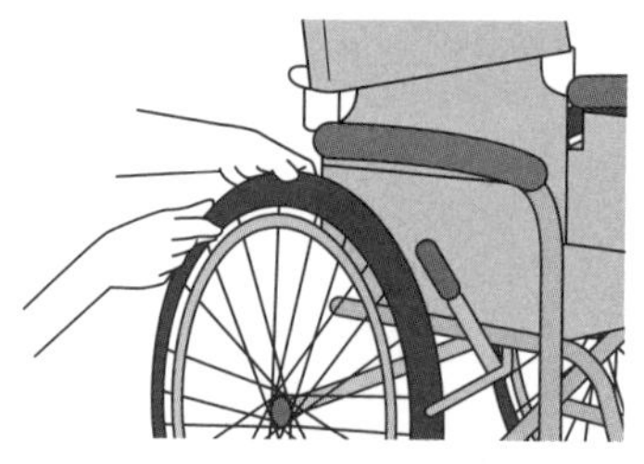

❹フットサポートの安全性をチェックする

回転したりしないか、体重をかけても落ちないか確認しましょう。

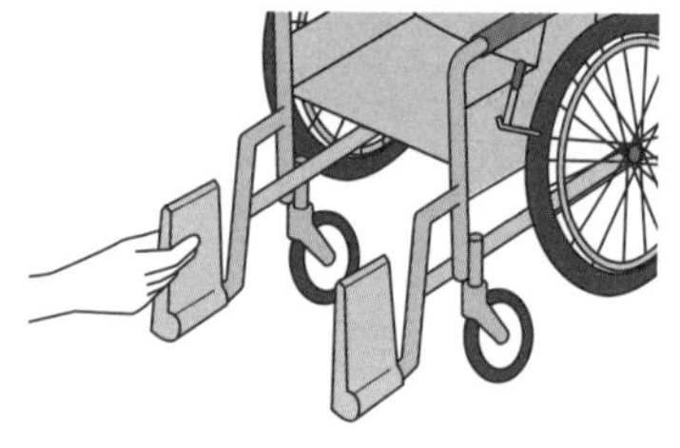

❺ベッド柵の安全性をチェックする

❻ベッドの高さを調整する

利用者の足裏全面が床につく程度に調整します。また、座った際に太ももが床と平行になるよう調整します。

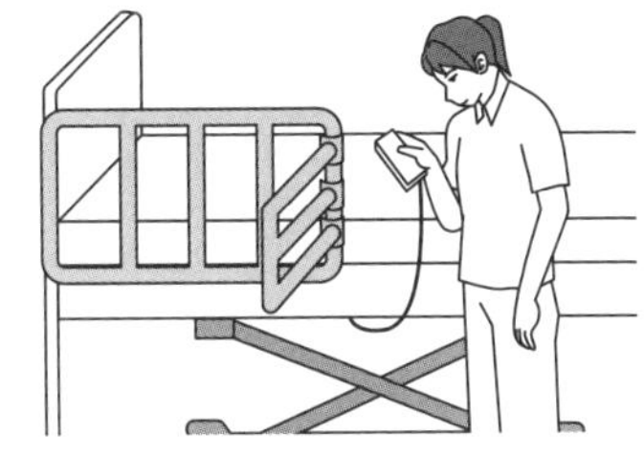

❼靴を利用者の近くに置く

Column
車いすの広げ方とたたみ方

車いすを広げる手順は、

①左右のブレーキをかける
②車いすの前に立ち、アームサポートを持ち、外側へ開く
③両手で体重をかけてシートを広げる

車いすをたたむ手順は、

①左右のブレーキをかけ、フットサポートを上げる（外す）
②横に立ちシートの真ん中の端を持ち、上に引き上げる
③アームサポートを近づけて折りたたむ

になります。

よく車いすの後方から広げたりたたんだりする介護職を見かけます。腰を痛める原因になるので、前もしくは横から重心を落としながら「広げる・たたむ」動作をしましょう。

4-2 車いすの移乗

車いすへの移乗では、無駄に力をかけてしまう場面が多くみられます。手順と動作の根拠をしっかりおさえましょう。

移乗前に確認すること

利用者が車いすに移乗する前に確認するべきポイントは、以下の通りです。

☑ベッドの近くに車いすを設置する
☑前輪を後ろに向ける
☑ブレーキがかかっているのか確認する
☑ひじ掛け・フットサポートを外す（上げる）

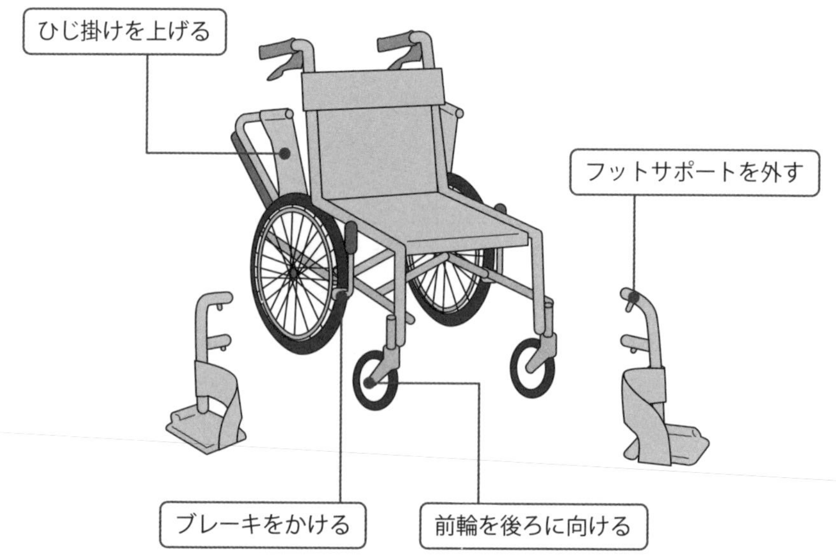

ベッド⇒車いすへの移乗

❶ベッド近くに車いすを設置する

ベッド側より30度の角度で設置します。片麻痺があれば麻痺側に置きます。その際、ベッドには浅く腰かけるようにしてもらいます。

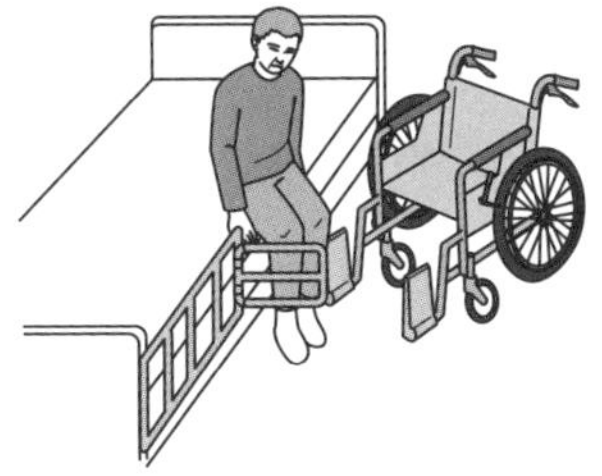

❷L字柵（ベッド柵）を持つ

L字柵を使うことで支持範囲が広がり、移乗がしやすいです。

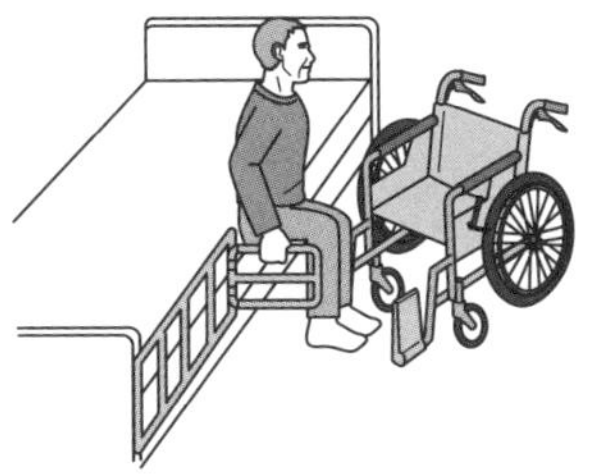

❸立ち上がる

立ち上がり介助の要領で立ち上がります。

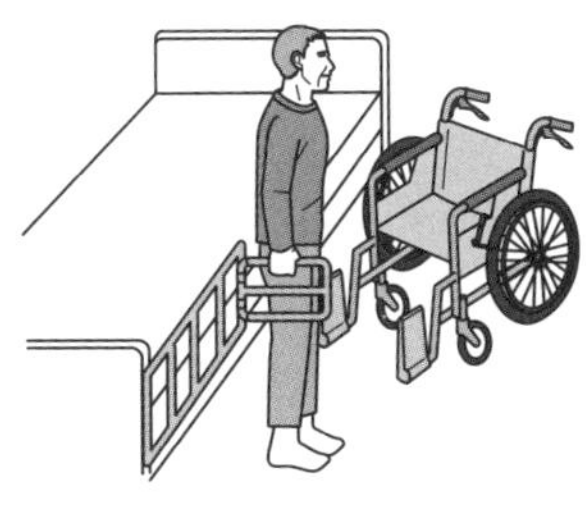

❹向きを変える

足を踏み替えることで、方向転換が可能です。踏み替えしないで無理に方向転換しようとすると、ひざを傷めたり腰を傷めたりします。

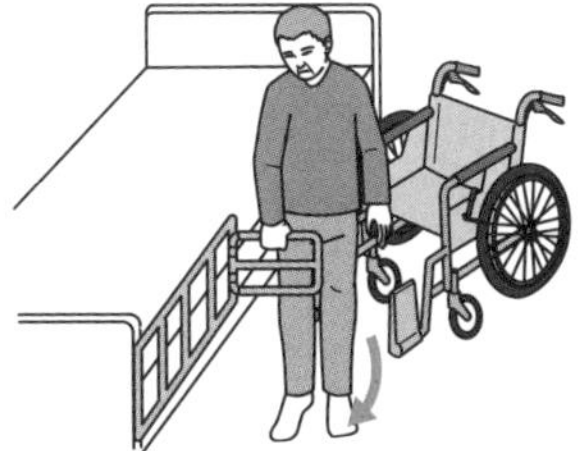

❺着座する

いすへの着座介助の要領で座ります。

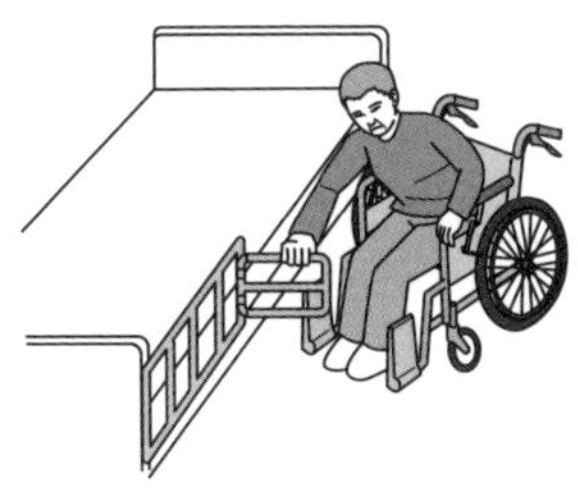

動作の「なぜ?」がわかる! **なぜ、角度をつけて車いすを置くの?**

➡ 身体の回転を最小限にするためです。

ベッドの正面に車いすを設置してしまうと、身体の向きを180度変えることとなります。こうした方向転換は、利用者にとって難しい動作であり、足を踏み外し転倒してしまう危険もあります。動く向きが最小限になる30度の角度に置くのが望ましいです。

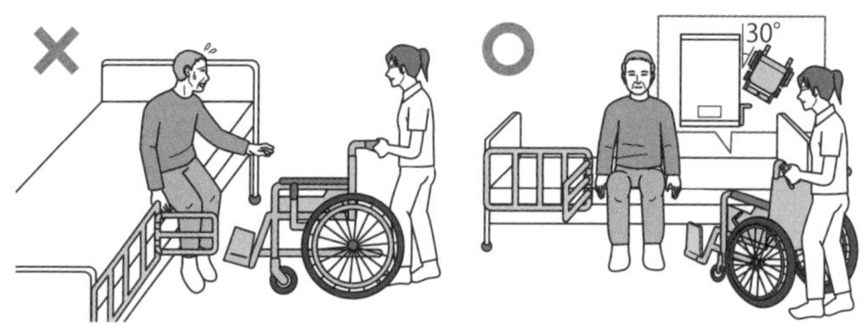

動作の「なぜ?」がわかる! **なぜ、L字柵を使うの?**

➡ 前方の支持基底面が広がり、前かがみしやすいためです。

立ち上がり介助の際には、前かがみをする必要があります。その際、真横に柵があると十分に前傾姿勢を促すことができません。前方の横に柵があることで、前傾姿勢ができます。

ベッド→車いすへの移乗介助

❶ベッド近くに車いすを設置する

ベッド側より30度の角度で設置します。
片麻痺があれば麻痺側に置きます。

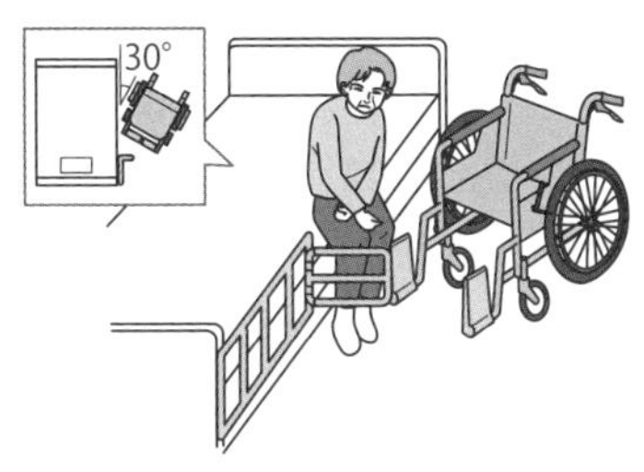

❷座位を整える

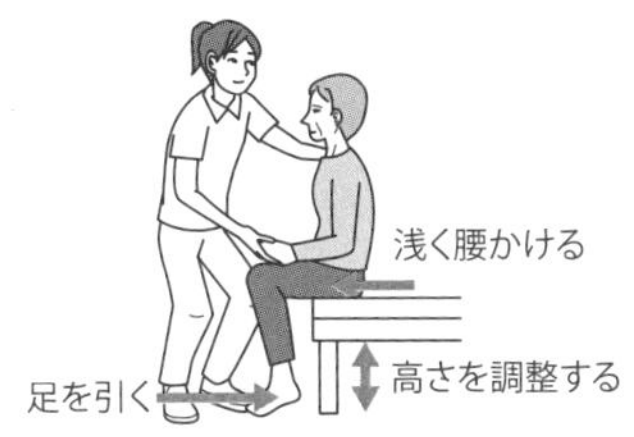

❸足を前後に広げて腰を落とし、利用者と目線を合わせる

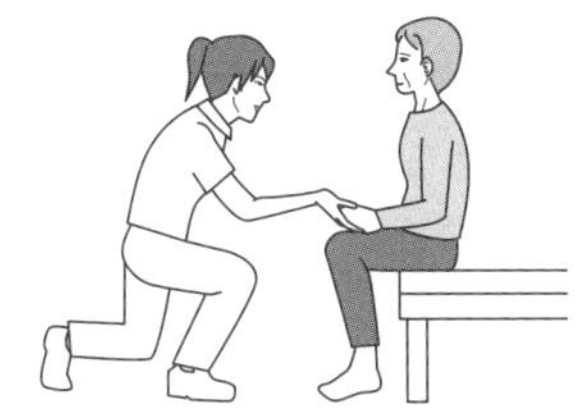

❹介助の程度に合わせて支える

●一部介助の場合——手のひらを支える方法

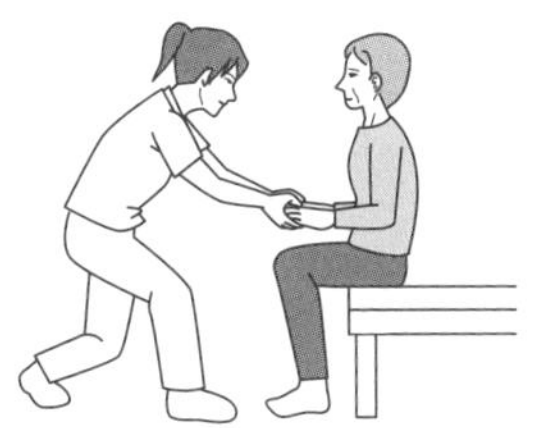

●中等度介助の場合——前腕（手〜ひじ）を支える方法

●最大介助の場合——脇の後ろから肩甲骨に手を回して支える方法

❺前かがみになるよう促す

頭部のみを下に向ける利用者がいますが、起き上がれません。「腰を起こしてください」と声かけをしましょう。

❻立ち上がる

ひざだけ伸ばすのではなく、まず腰から起き上がらせます。股関節が伸び、自然とひざも伸び上がりやすくなります。

❼車いすの反対側（右側）に体重移動させる

車いす側の足（左足）を出しやすくするため、反対側（右側）に身体を寄せます。

❽車いす側の足（左足）を車いす側（斜め横）へ一歩踏み出す

車いすに近づき、次の右足をそろえる動きがしやすくなります。

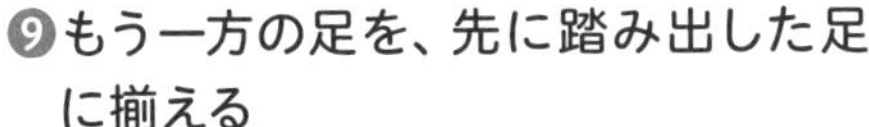

❾もう一方の足を、先に踏み出した足に揃える

顔もベッド側に振り向くようにし、お尻も車いす側に向きます。

❿足を前後に広げて構える

⓫前かがみになるよう促す

重心が不安定になり尻もちをつかないよう注意します。みぞおちが足の上にある状態をキープし、「お辞儀しましょう」「ゆっくり座りましょう」と声かけをしましょう。

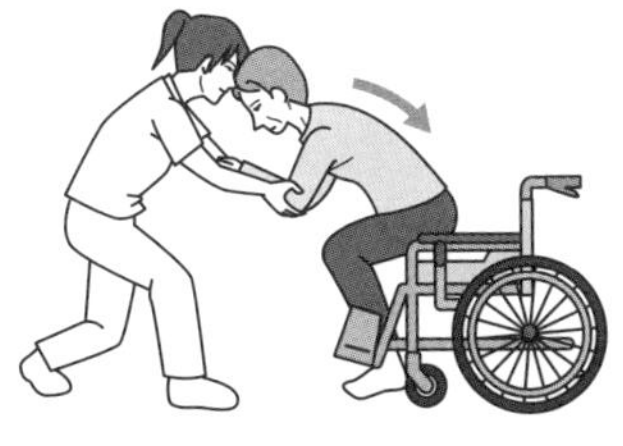

⓬一緒に両ひざを曲げる

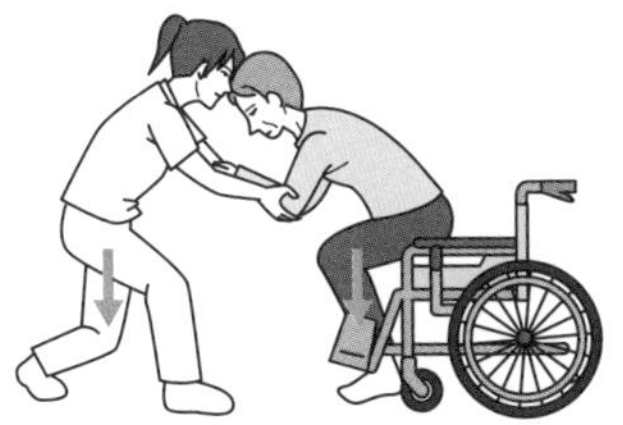

⑬お尻が車いすに接地する

左右中央の奥側へゆっくり腰を下ろすようにしましょう。

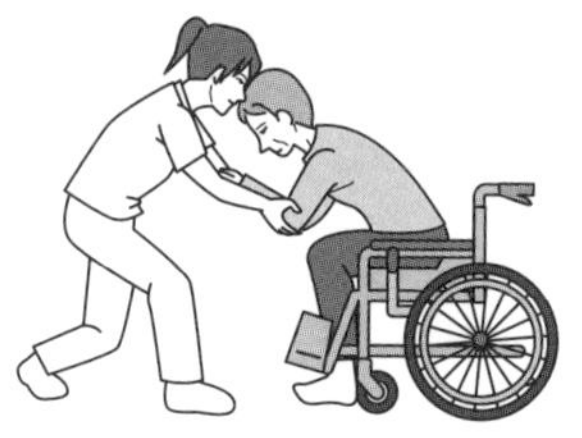

⑭上半身を起こす

「体を起こしてください」「頭をあげてください」など声かけをしましょう。

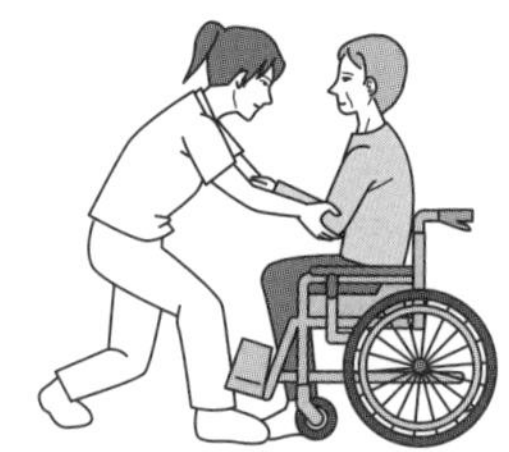

動作の「なぜ?」がわかる! なぜ、一度立ち上がるの?

➡ **腰が曲がったまま（中腰のまま）移乗すると腰痛、転倒へつながるからです。**

必ず身体が伸び上がり、しっかり立った後に移乗します。利用者、介護職双方にとって安心・安全な介助法を検討します。

動作の「なぜ?」がわかる! なぜ、足を踏み替えて方向転換するの?

➡ **足がねじれず安全に向きを変えることができるからです。**

移乗の動作手順に不安を覚える介護職は多いですが、基本は「立ち上がり介助→方向転換→着座介助」の組み合わせで介助できます。介護の基礎となる手順をしっかり身につけることで、トイレなどさまざまな場面にも応用できます。

スライディング(トランスファー)ボード を使ったベッド→車いすへの移乗介助

❶ひじ掛け・フットサポートを外す（上げる）

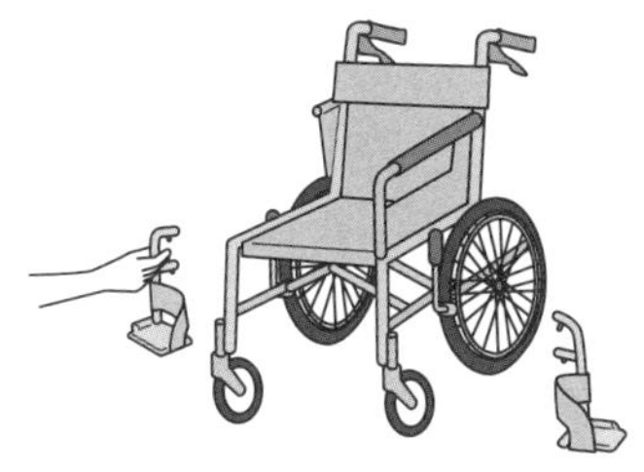

❷スライディングボードを置く

車いすとベッドを同じ高さにします。

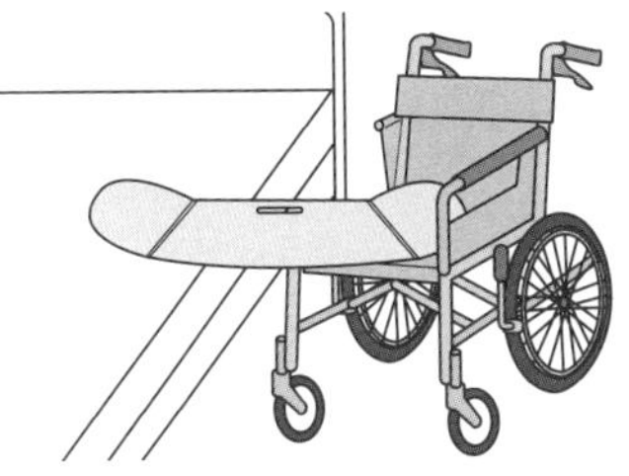

❸端座位になり、浅く腰かけてもらう

❹移乗しない側（利用者から見て右側）へ身体を傾ける

お尻にボードを差し込むため、傾けます。

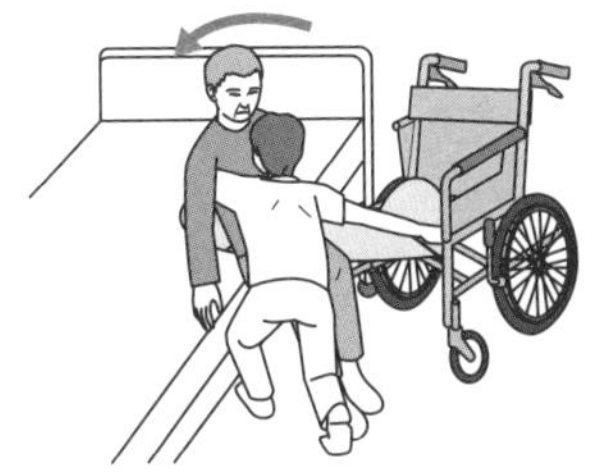

❺お尻を浮かし、移乗ボードを差し込む

脇から手を通して肩甲骨側を持ち、もう一方の手でボードを差し込みます。お尻の真ん中あたりまで挿入します。

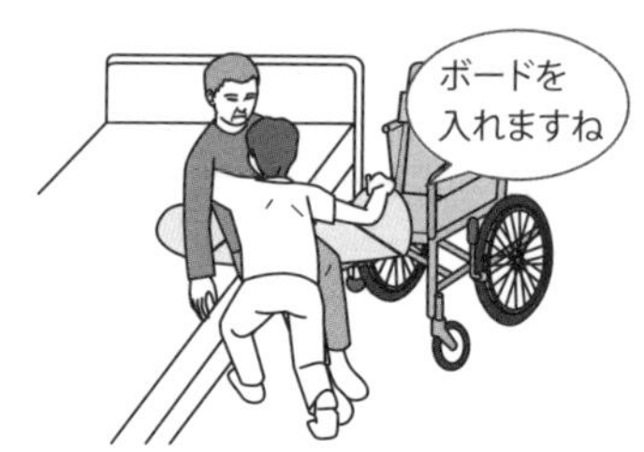

❻移乗する側（利用者から見て左側）に身体を傾ける

浮いていたお尻をもとに戻します。介護職は移乗する側から手を通して肩甲骨側をもって身体を支えます。

❼ボード上を滑らせる

反対側のお尻を下から支えながら横にゆっくりと押します。

❽ボード側へ身体を傾け、座面中央へ移動する

車いす側のお尻が車いすのシートについていると滑らず、スムーズに移乗できないので注意しましょう。

❾ボードをやや斜め上に引き抜く

お尻を上げてもらいつつ、真上に近い形で引き抜きます。

動作の「なぜ?」がわかる!　**スライディングボードは誰に使う？**

➡ **端座位が自立しているが、起立・方向転換が困難な利用者が目安です。**

利用者も介護職も負担なく移乗できるため、必要に応じて福祉用具を活用しましょう。

動作の「なぜ?」がわかる!　**なぜ、斜め上に引き抜くの？**

➡ **座面中央に安全に座ることができるからです。**

ボードを真横に引き抜こうとすると、摩擦が大きくお尻の皮膚を引っ張るため、褥瘡を悪化させやすいです。また、お尻も座面中央からずれてしまいます。

車いす→自動車への移乗介助

❶自動車のドアを最大限開ける

❷車いすを自動車に対して30度で設置する

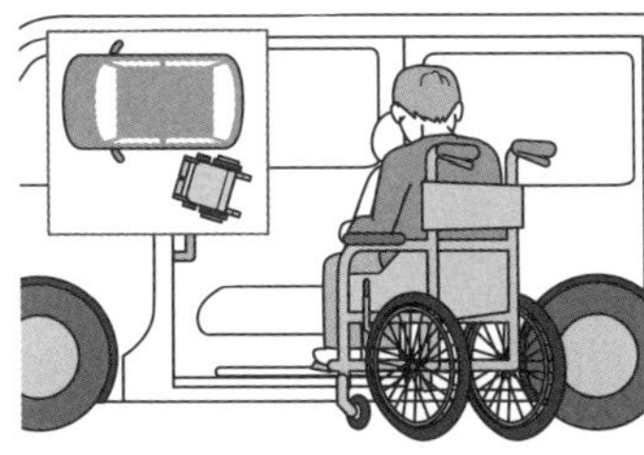

❸ブレーキをかけ、ひじ掛け・フットサポートを外す（上げる）

❹浅く座り直す

お尻を前に出してもらうのが難しい場合は、脇から手を通して肩甲骨側を支えて、片方のお尻を浮かせて、お尻歩きをするようにして片方ずつ前に出します。

❺手すりにつかまり立ち上がる

腕が届く人は安定性のある手すりを持ちましょう。

❻身体を回転させて、お尻を座席へ向ける

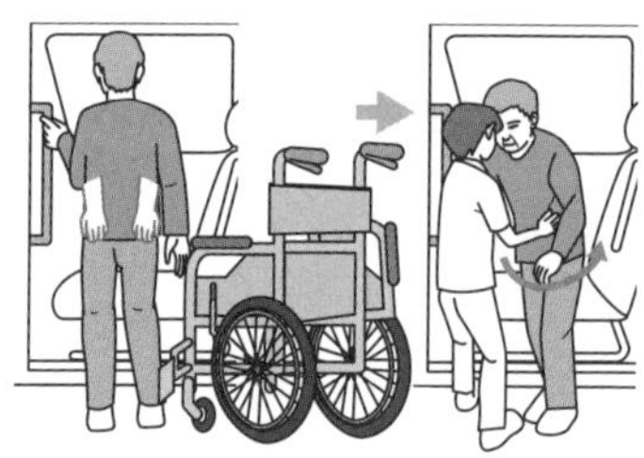

❼着座する

着座介助と同じ要領です。座席が高い場合、事前に足台を用意します。頭がぶつからないよう注意しましょう。

❽車側の足から車内に乗せる

❾反対の足も乗せる

❿お尻をシートの中央・奥へ

手順❹の座り直しと同様、お尻を浮かせながら、お尻歩きをするようにして片方ずつ後方へ座面の奥に座り直します。

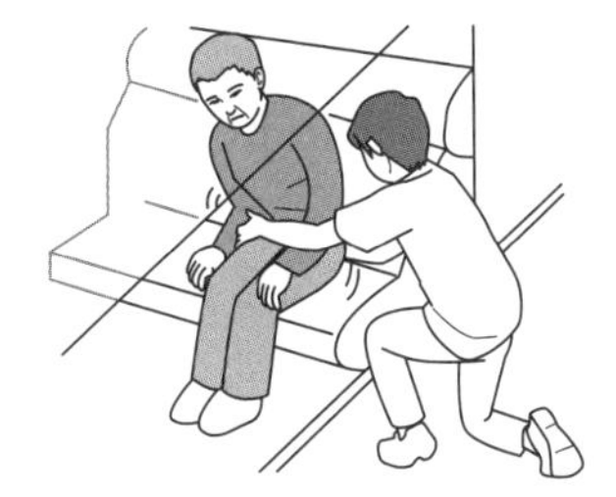

車内シートへ着座後に行う姿勢のチェックポイント

前後の位置と高さを調整する

シートへ着座後は、助手席であれば前方の収納ボックスに、後部座席であれば前の座席の背もたれにひざが接触していないか確認します。走行中の揺れによって皮膚に摩擦が加わり傷つける恐れがあるため、もし接触していれば、前後位置を調整します。

また、前後だけでなく高さの調整も重要です。ひざよりも骨盤が沈んだ位置だと骨盤が後傾します。足底がしっかり床に全面つき、ひざと骨盤がなるべく一直線上にくる高さにしましょう。

必要に応じてリクライニングを検討する

骨盤が後傾し背が丸まっていれば、背もたれを後方へリクライニングします。背もたれを立てた状態にしていると、腹部が圧迫されお尻を前にずらして「ずっこけ座り」になります。

シートの前後位置と高さを整え、頭が股関節の真上に位置するのを目安として背もたれの角度を調整しましょう。

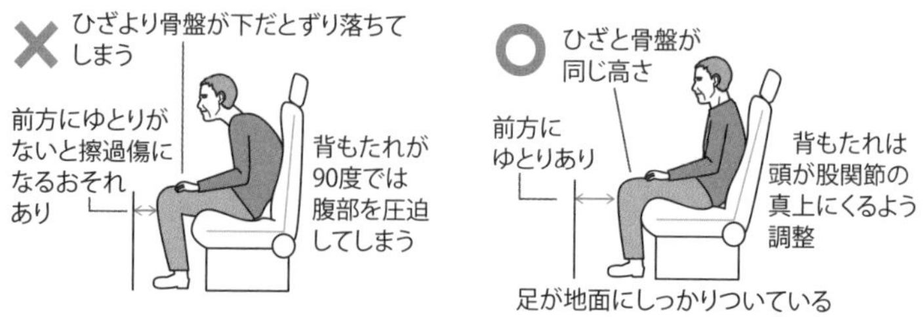

車高が高い場合／低い場合

立ち上がり介助後、車高が低い場合と高い場合とで支援方法が少し異なります。

車高が高い車の場合は、車に近い側の足を上げて乗る必要があるので、適宜足台を用意します。車高が低い車の場合は、車に乗り込む際、頭が車のフレームにぶつからないよう十分に屈（かが）んだ姿勢をとるよう支援しましょう。

利用者の状態や着座したときの安定性を考慮したうえで、車種についても検討する視点が大切です。

▼車高が高い場合　▼車高が低い場合

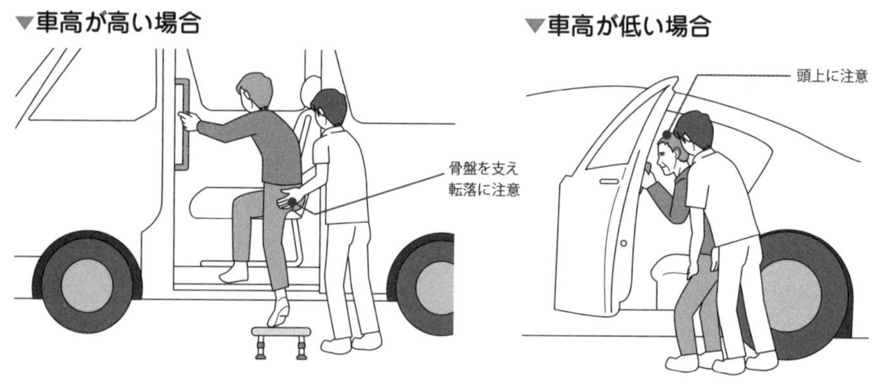

自動車→車いすへの移乗介助

❶自動車のドアを最大限開ける

❷車いすを自動車に対して30度で設置する

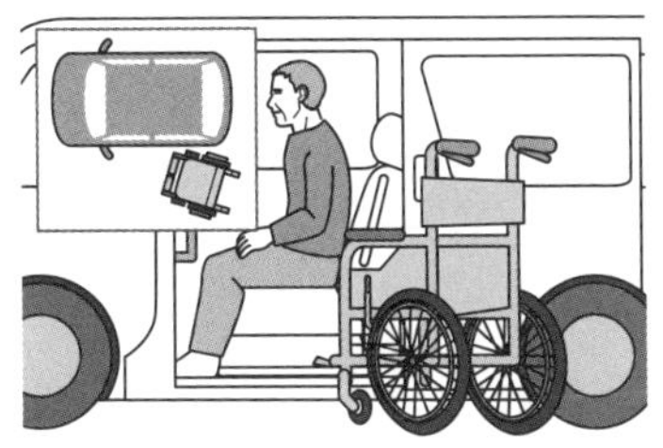

❸ブレーキをかけ、ひじ掛け・フットサポートを外す（上げる）

❹利用者の身体を斜めに向け、外側の足を下ろす

その際、介護職の肩に手を回す、また手すりを持ってもらいます。足が地面につかない場合、足台を活用しましょう。

❺右足も下ろす

❻立ち上がり介助を行う

天井にぶつからないように注意しましょう。骨盤を支えながら前かがみになり、立ち上がります。

❼方向転換し、お尻を車いすへ向ける

❽着座する

車いすの座り直し介助

❶ブレーキをかける

❷フットサポートを上げて（外し）、足を床に下ろす

足が床につかない場合は安定する足台を使います。

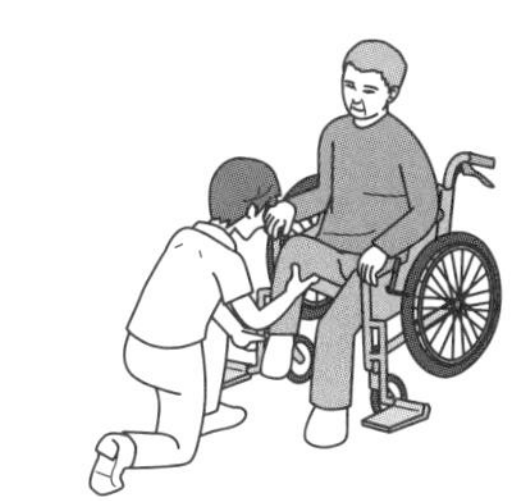

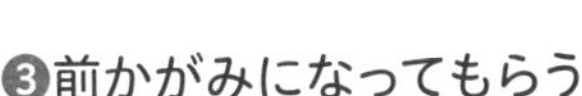

❸前かがみになってもらう

不安定な場合、介護職の肩やひじかけにつかまるようにします。

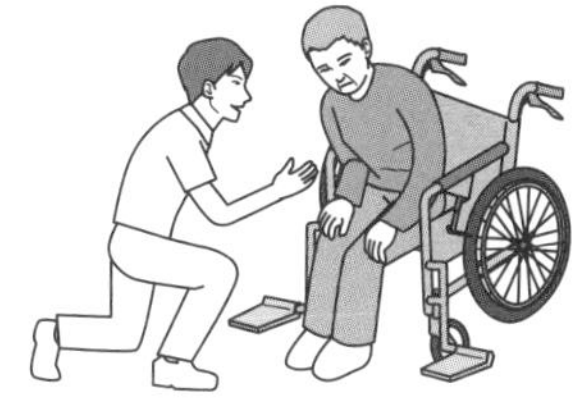

❹前方から骨盤を支える

介護職の手はお尻の横側から後ろにかけて包み込むように支えます。

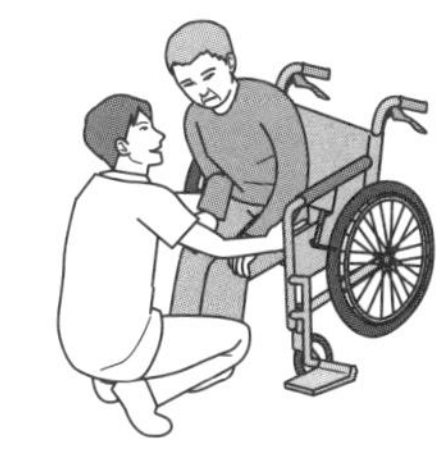

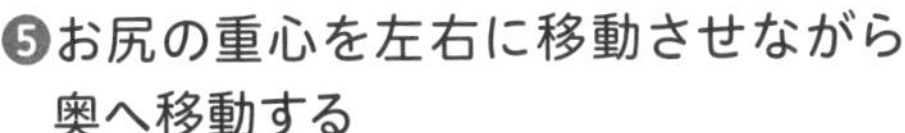

❺お尻の重心を左右に移動させながら奥へ移動する

- 左右交互に繰り返し、お尻を奥側へ移動します。
- 後ろからズボンを引っ張り上げると、利用者を不快にさせ、お尻の皮膚を傷つける危険性があるため、行わないようにしましょう。

❻上半身を起こしてもらう

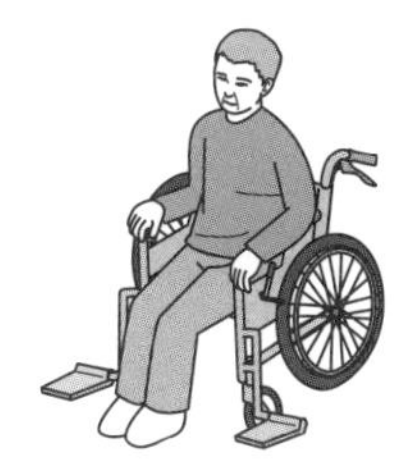

車いす→ダイニングチェアへの移乗介助

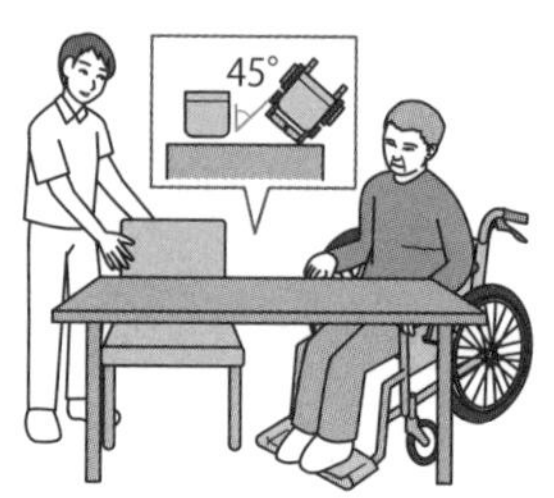

❶ダイニングチェアと45度の角度で車いすを設置する

・ダイニングチェアは利用者が横歩きで通れるよう後ろへ引きます。

・車いすがテーブルに近すぎると立ち上がれないため、テーブルに手が届き、前傾できる距離に設置しましょう。

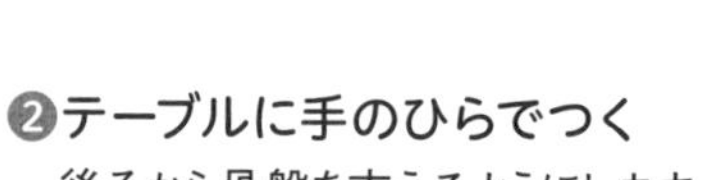

❷テーブルに手のひらでつく

後ろから骨盤を支えるようにします。

❸立ち上がる

身体から手を離さないようにしましょう。

❹テーブルを伝って一歩横に歩く

足を一歩前へ出せるよう、介護職は車いす側へ体重移動を支えます。

❺いす側に重心をかける

車いす側の足をダイニングチェア側に近づけるよう介護職はダイニングチェア側へ体重移動を支えます。

❻車いす側の足をダイニングチェア側の足に寄せる

足が車いすの前輪やダイニングチェアに当たらないよう声かけをします。

❼ダイニングチェアに着座する

利用者の身体を支えながら前かがみして着座します。

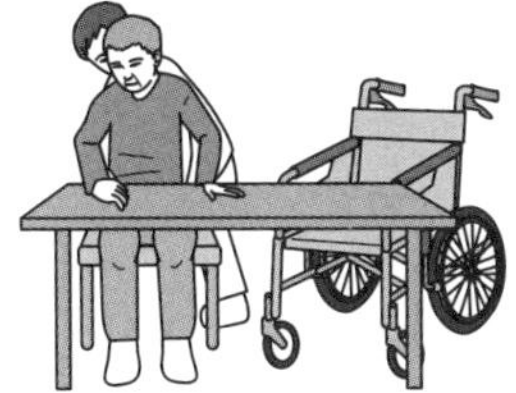

❽座位姿勢を整える

お尻を浮かせてもらいながら、姿勢を整えます。足が浮いている場合は足台を設置します。必要に応じて、クッションや座布団も活用しましょう。

動作の「なぜ?」がわかる!　なぜ、ダイニングチェアに座り直すの?

➡ **車いすに比べ姿勢が安定しやすいためです。**

ダイニングチェアは座面が沈まないため、車いすに比べ姿勢が安定しやすく、作業や食事がしやすいです。自立支援の観点から積極的に検討しましょう。

動作の「なぜ?」がわかる!　なぜ、ダイニングチェアの真横に停めないの?

➡ **近すぎるとテーブルがあり前傾できず立ち上がりづらいためです。**

横移動する際に、フットサポートに引っかかり、転倒する危険性が高まります。立ち上がりやすく横移動しやすい位置に設置しましょう。

車いすの間違った座り方

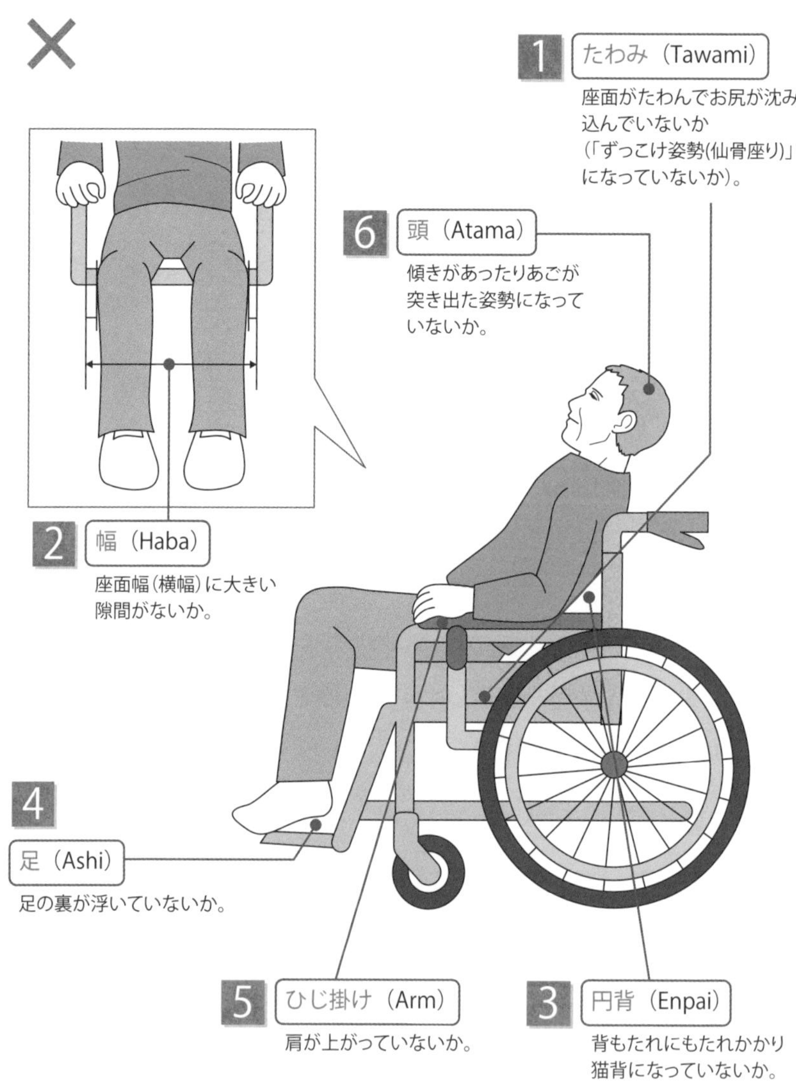

車いすの正しい座り方

○

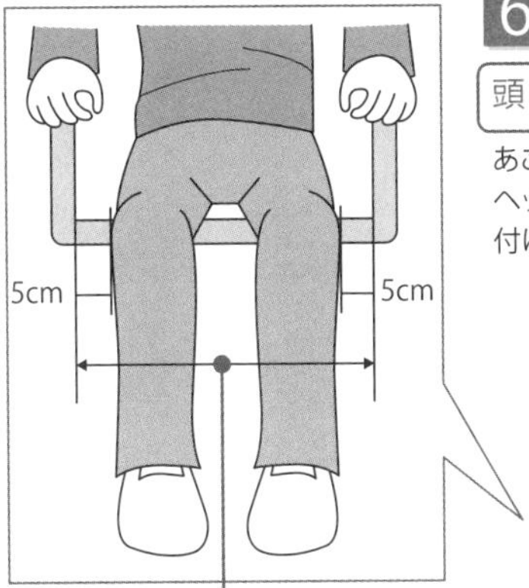

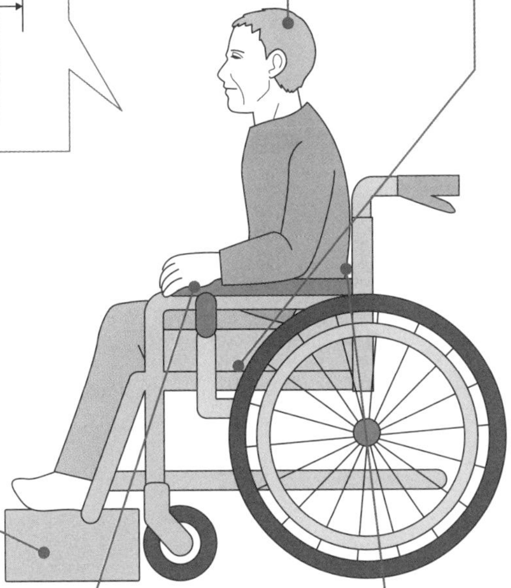

1 たわみ（Tawami）

座面の裏のベルトを締めるか、クッション下にバスタオル等を使いましょう。

6 頭（Atama）

あごを引いて傾かないようにします。ヘッドサポートを使い、後頭部～首の付け根の曲線に合わせて支えます。

5cm　5cm

2 幅（Haba）

お尻の幅＋5cm（手が通る程度）

4 足（Ashi）

足台を使用したり、クッションを使いましょう。

5 ひじ掛け（Arm）

脇を閉じ肩が上がらない高さに調整しましょう。

3 円背（Enpai）

背中の湾曲（わんきょく）に合わせてベルトを調節し、腰～背中の隙間にバスタオルなどを入れましょう。

ポイント

頭文字を取って「THE（座）AAA（トリプルエー）」と覚えよう！

4-3 車いすでの移動

車いすの利用者にとって移動介助は日常生活に欠かせません。適切な手順と適度に声かけを心がけましょう。

移動前の最終チェック

移動前に以下の 3 点をチェックしましょう。

❶座位姿勢(中央に座っているか、ねじれや傾きがないか)

骨盤の腰骨に触れつつ、傾きやねじれ、座面中央に座っているか確認します。

❷ひじ掛け(ロックがかかっているか、左右同じ高さか)

ロックが不十分だと移動時の振動で外れたり下がって転落する危険があります。また、高さを左右でそろえないと、低いほうに姿勢が傾きます。ひじ掛けの高さは同じにし、脇は握りこぶし 1 つ分以上開かないようにします。

❸足置き(ロックがかかっているか、ゆるみがないか)

ロックが不十分であったり、ボルトがゆるんでいると、移動時の振動によって足置きが外側へ開いたり、下に落ちてしまうことがあります。

移動前に介護職が足置きに体重をかけ、足置きが外に開かないか確認します。

▼**移動前の最終チェック**

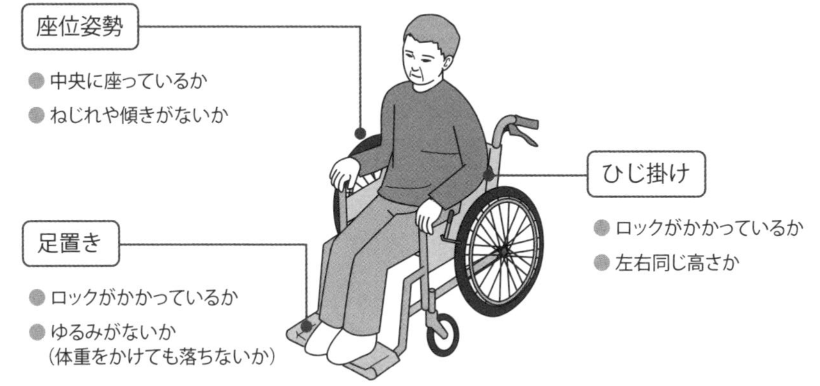

足をフットサポートに乗せる手順

❶（モジュール型車いすの場合）フットサポートを外側に開き、下げる

普通型車いすでフットサポートを外側に開かない場合は❷から行います。

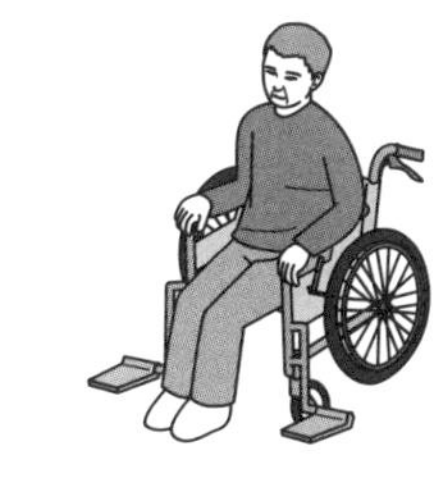

❷太もも（大腿）を上げる

フットサポートに足をつける高さまで上げましょう。ただし、ひざが伸びるように足先だけ持ち上げたり、太ももを過度に上げると後ろにのけ反ってしまったり、円背を助長する危険があるので注意します。

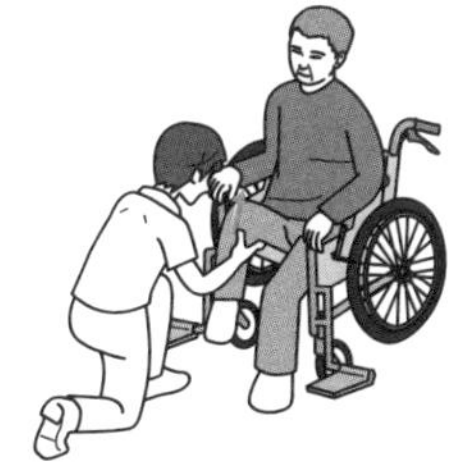

❸フットサポートを正面まで回し、ロックする

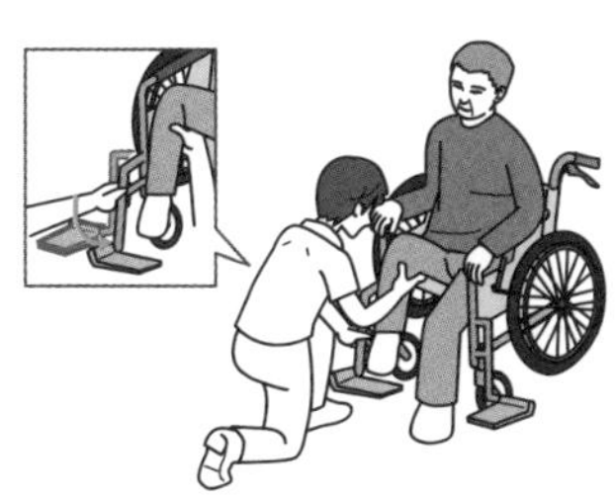

❹足を乗せる

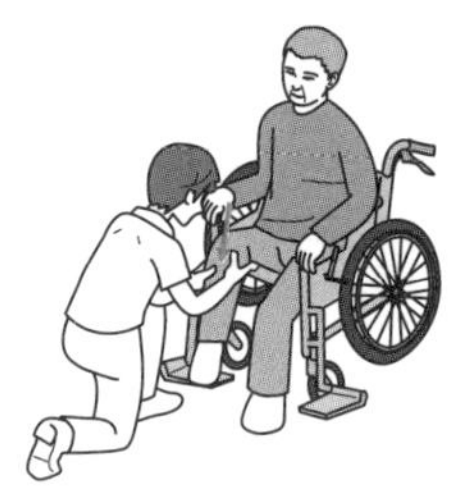

前に進む

前に進むときは以下のポイントを確認します。

☑両手でしっかりグリップを握り、進行方向に押す
☑高齢者が歩くスピードを目安に
☑急にスピードを上げない
☑急に曲がらない、止まらない
☑動きはじめ、方向転換、止まる際には声をかける

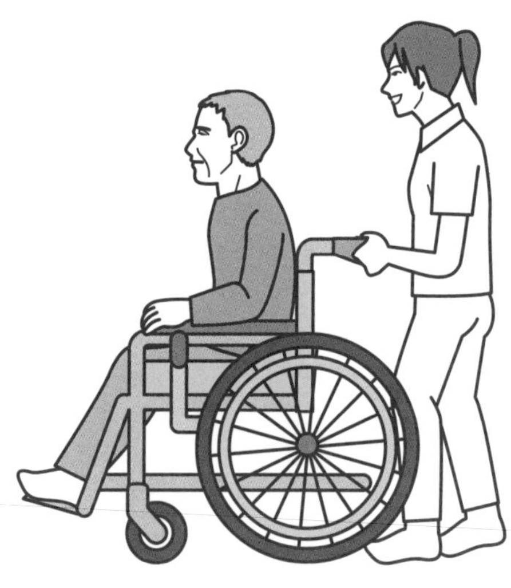

坂道を進む

坂道を進む際は、若干前かがみになりながら、坂の進行方向へ押していきます。「ながら運転」は禁物です。グリップを両手でしっかり持ちましょう。

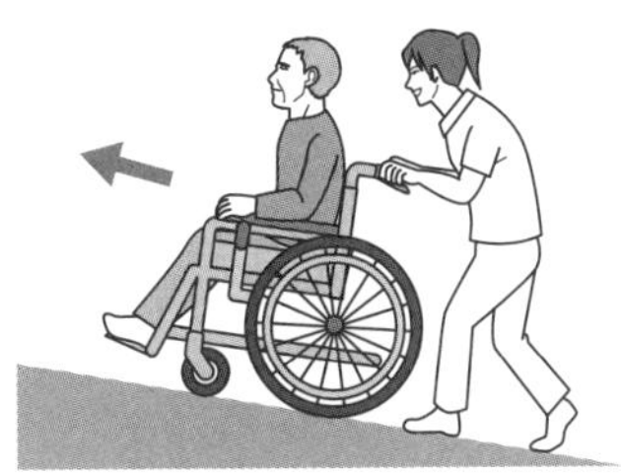

●**注意**

介護職の靴はスニーカータイプにしましょう。サンダルやクロックスタイプは不安定で転倒リスクが高まります。

坂道を下りる

下り坂は前向きではなく、後ろ向きでゆっくり進みます。腰を落とし、体重を後方にかけて後ろを振り向きながらゆっくりと下ります。

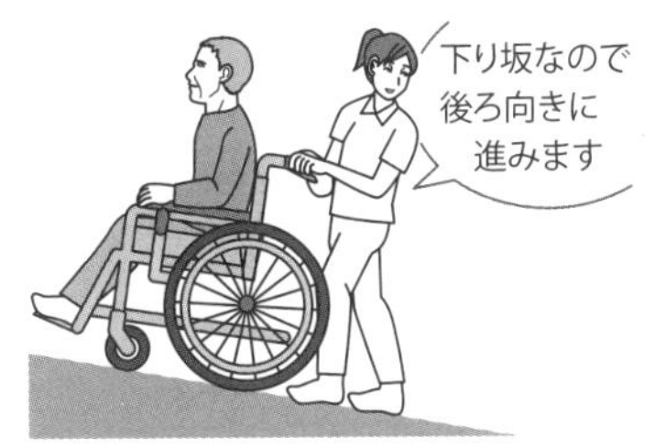

Column 介助で上り下りする坂の勾配の目安

1/8（約7度）以下とされています。例えば、20cm 登るには 160cm 以上の距離が必要です。

段差を上がる

段差を上がる際は、以下の手順で進めます。

手順

❶段の近くになったら、声かけをする
❷ティッピングレバーを斜め前下に踏み込む
❸グリップを押しながら下げる
❹前輪を段に上げる
❺後輪が段の角に当たるまで前に出す
❻グリップを前に押し上げる

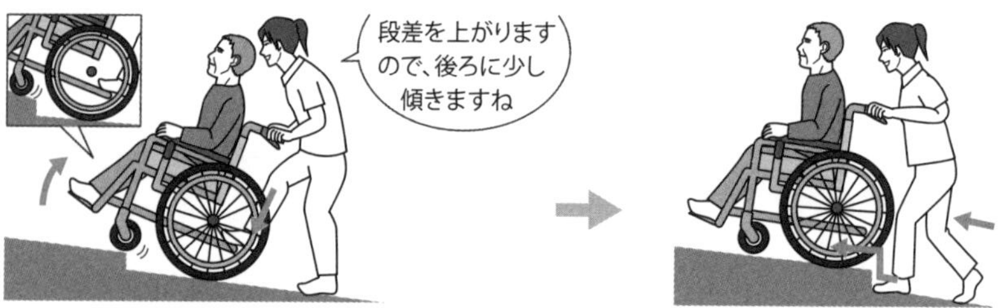

段差を下りる

段差から下りる際は、以下の手順で進めます。坂を下りるときと同様、後ろ向きで介助します。

手順

❶段の近くになったら、声かけをする
❷後輪が段差の角に当たるまで後ろに出す
❸グリップを後輪が角に当たったまま下りるように支える
❹後輪を段から下げる
❺ティッピングレバーを斜め前下に踏み込む
❻（ティッピングレバーを踏みながら）グリップをゆっくりと水平に戻す

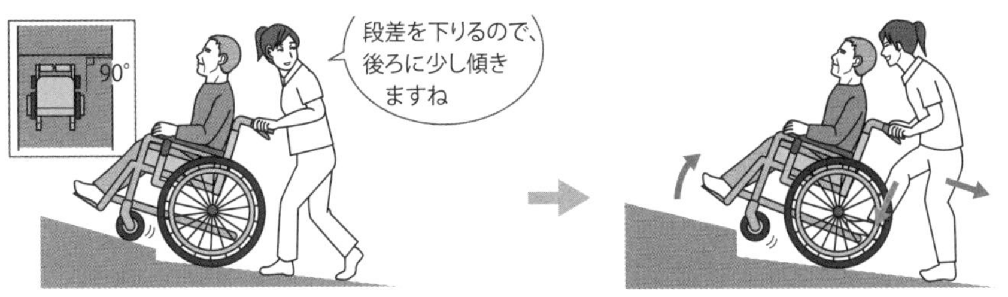

動作の「なぜ?」がわかる!　**なぜ、ティッピングレバーを踏むの？**

➡ **「てこの原理」を利用してキャスタを楽に上げるためです。**

ティッピングレバーを力点として下げることで、てこの原理によって力をかけずにキャスタ（作用点）を浮かせることができます。

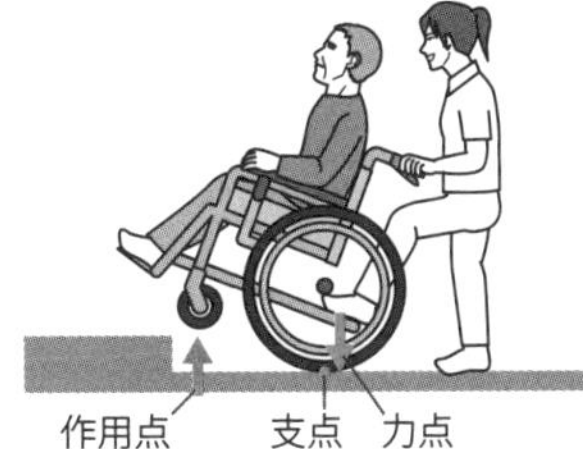

悪路（でこぼこ道）を進む

なるべく避けたいところですが、でこぼこ道、砂利（じゃり）道などの悪路を進む際は、軽く浮かせて押すようにします。ティッピングレバーを踏み、グリップを押しながら下げることで、比較的安定した移動が可能になります。ただし、それでも進むのが困難な場合は、後ろ向きに進むことも検討しましょう。

車いすでのエレベーターの出入り介助

　ふだん何気なく介助しているエレベーターの出入り、実は方法によって思わぬ事故を招く危険があります。より安全に出入りできるよう工夫をしていきましょう。

　エレベーターに入るときは正面から入っていきます。このとき、特に小さいキャスター（前輪）のタイプではドアと廊下の間の隙間にはまることのないよう注意します。必要に応じて、ティッピングレバーを踏み、前輪を浮かせて進みます。

　エレベーター内の奥に鏡がある場合は、後ろの様子を確認しながら進みます。ドアを閉める際は、鏡で見える様子と振り返って目視で確認します。

　エレベーターから出るときも、鏡で利用者の様子を確認したり、周りの様子も確認してゆっくりと後ろ向きから出ます。前から出るとキャスタが隙間にはまってしまうリスクがあります。後ろ向きで介護職から先に出るようにしましょう。

4-4 歩行

歩行介助では、重心移動を意識し、利用者のタイミングに合わせることが重要です。手順だけでなく、目の前の利用者の歩行スピードや状態などを把握しましょう。

前方からの歩行介助

❶正面に立ち、立位を整える

骨盤の背面を支えて腰を起こし、股関節を伸ばします。

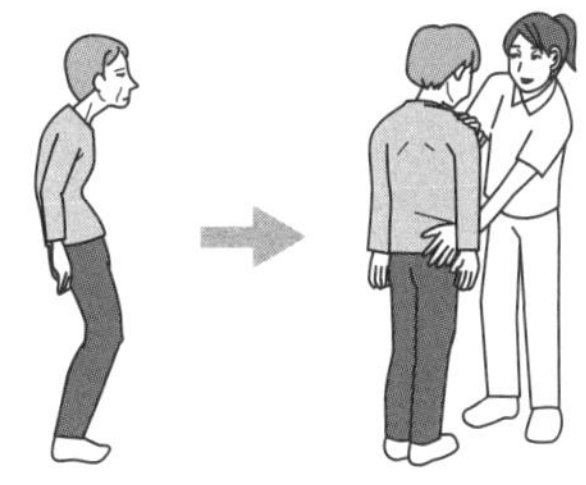

❷介助の程度に合わせて支える

●一部介助の場合——手のひらを支える方法

●中等度介助の場合——前腕（手～ひじ）を支える方法

●最大介助の場合――脇の後ろから肩甲骨に手を回して支える方法

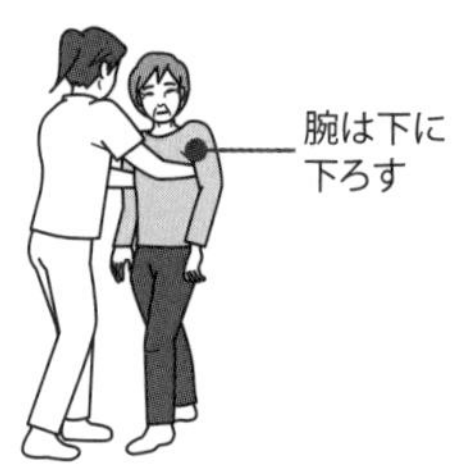

❸左右に体重移動を促す

「左右に揺れてみましょう」と声かけをしましょう。その場で重心移動を促し、利用者が安全に体重移動できるかチェックします。

❹体重移動をした反対側の足を一歩踏み出す

介護職も一歩同じ側の足を下げます。

❺踏み出した側の足に体重移動し、もう一方の足を踏み出す

介護職も同じ側の足に体重移動します。

❻　❹～❺を繰り返す

動作の「なぜ?」がわかる!　なぜ、左右に体重移動させるの？

➡ **転倒のリスクをあらかじめ防ぐためです。**

私たちは左右に重心移動をしながら歩行しますが、これらが十分にできていないと、つま先が引っかかったり、歩幅が小刻みになります。一歩目を踏み出す恐怖心を除くためにも、まずは左右の重心がしっかり移動できるか確認します。

側方からの歩行介助

❶正面に立ち、立位を整える

骨盤の背面を支えて腰を起こし、股関節を伸ばします。

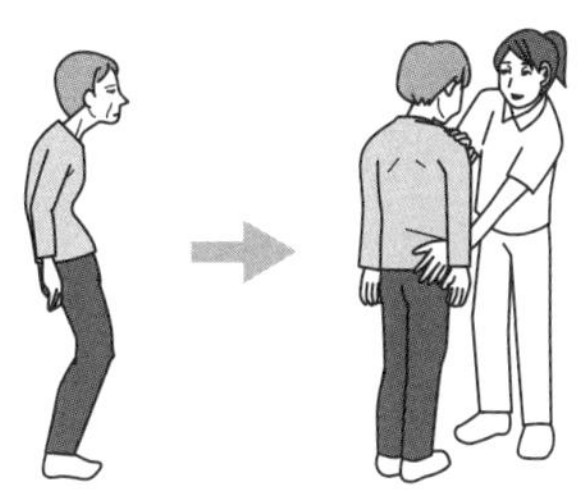

❷介助の程度に合わせて支える

●一部介助の場合——手のひら+ひじ関節～わきの後方を支える方法

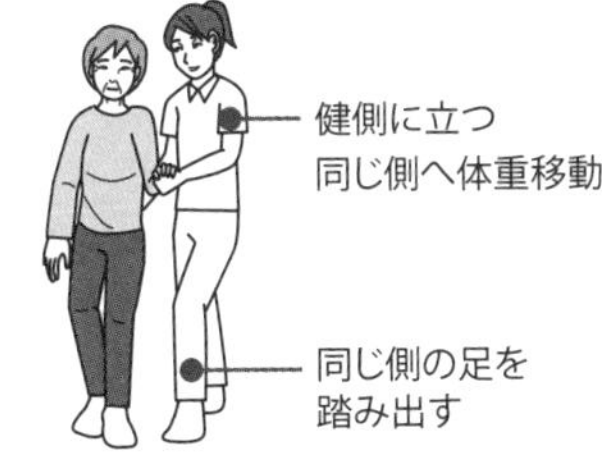

●中等度介助の場合——手のひら+ひじ関節を支える方法

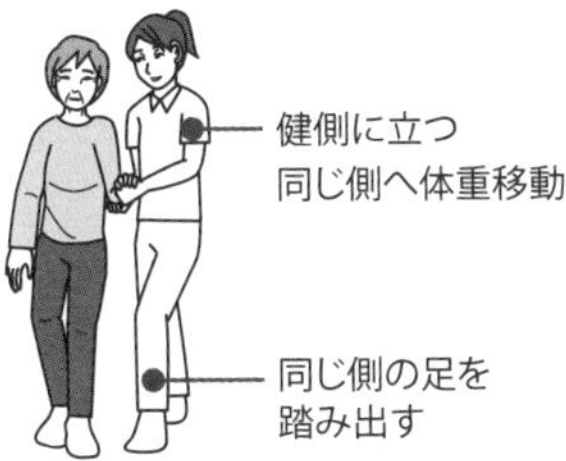

●最大介助の場合——手のひら+骨盤後面を支える方法

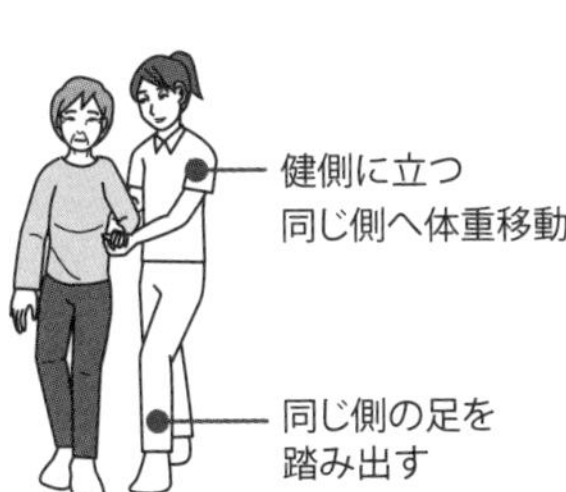

杖の合わせ方と選び方

杖は、足の不自由な方や片麻痺のある利用者の歩行を安定させたり、足の運びを調整するために使用する道具の一つです。

杖には、グリップの太さや素材の違い、杖の棒の部分の太さの違い、色やデザインもさまざまにあるので、自分に合ったすてきな杖を選ぶことができます。

☑斜め前（杖側つま先から横 15cm、前 15cm 付近）につく
☑ひじの曲がっている内側の角度が 30 度程度か
☑高さを調節する
☑歩いて安定性を確認する（前進、後進、左右方向転換）

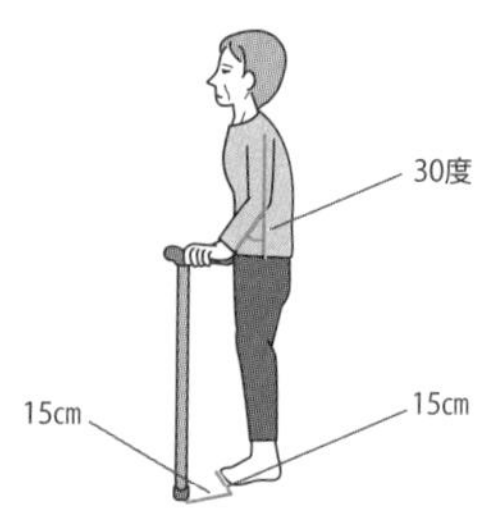

動作の「なぜ?」がわかる!　なぜ、ひじの角度を 30 度にするの？

➡ **腕に最も力が入りやすい角度だからです。**

杖を使って身体を安定させるために、上腕三頭筋（二の腕）を 30 度の角度で使えば、筋力を発揮しやすくなります。

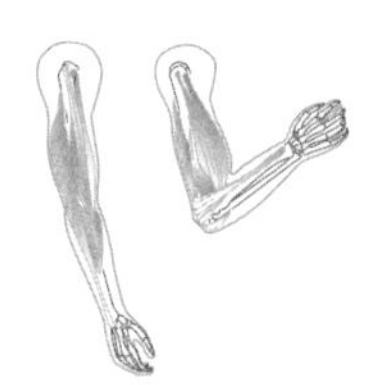

杖歩行の基本動作

杖歩行には二動作歩行(にどうさほこう)と三動作歩行(さんどうさほこう)の 2 つの方法があります。動作が不安定な場合は三動作歩行、早く歩きたい場合や慣れた場合は二動作歩行にします。

三動作歩行（片麻痺がある場合）

❶杖を非麻痺側の手に持ち、前に出す
❷麻痺側の足を出す
❸もう一方（非麻痺側）の足を出す

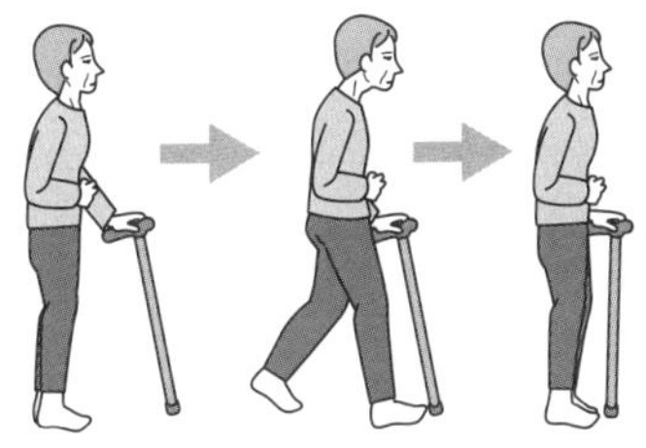

二動作歩行（片麻痺がある場合）

❶杖を非麻痺側の手に持ち、麻痺側の足を一緒に出す
❷もう一方（非麻痺側）の足を出す

動作の「なぜ?」がわかる!　**なぜ、杖を最初につくの？**

➡ 次の動作（足を上げる）を安定させるためです。

杖が後になると、腕が後ろに残り不安定になります。杖を最初につくことで、進む方向に支持基底面が広がり、体重移動しやすくなります。

杖歩行で階段を上る

❶杖を一段上につく

杖が身体より前にあることで、支持基底面が広がり、前に体重移動しやすくなります。杖（腕）が後方にあると、後ろに転落する危険性があります。

❷非麻痺側（杖側）の足を上げる

・安定している範囲で麻痺側の足に体重移動してから非麻痺側の足を上げていきます。

・体重移動が不十分のまま足を上げるとつま先が段に引っかかる危険性があります。

❸麻痺側の足を上げる

感覚障害（鈍い、しびれるなど）がある場合、麻痺側のかかとまで段の上に乗っているか確認します。

杖歩行で階段を下りる

❶杖を一段下につく

上るときと同様、杖を前につくことで体重を支えながら麻痺側の足を出しやすくなります。

❷麻痺側（杖と反対側）の足を下ろす

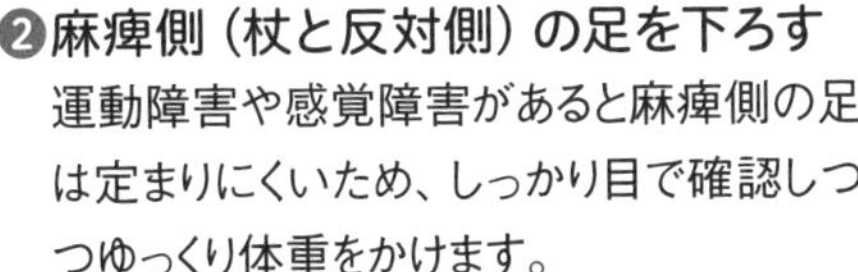

運動障害や感覚障害があると麻痺側の足は定まりにくいため、しっかり目で確認しつつゆっくり体重をかけます。

❸非麻痺側（杖側）の足を下ろす

安定している範囲で麻痺側の足へ体重移動し、非麻痺側の足を下ろします。非麻痺側に体重が過度に残っていると、非麻痺側の足が出しづらく、段に引っかかる危険性があります。

動作の「なぜ？」がわかる！　なぜ、上りと下りで踏み出す足が違うの？

➡ 安定しないほう（麻痺側）の足に負担がかからないようにするためです。

階段を上るときと下るときとでは負担のかかる足が異なります。上りでは先行する足、下りるときは後になる足に負担がかかるため、転倒・転落を防止するために残存機能を活かせる非麻痺側を負担のかかるほうにします。

杖歩行介助で階段を上る

❶麻痺側の斜め後方に立つ

階段幅が狭い場合は、真後ろに立ちます。

❷麻痺の程度に合わせて支える

●一部介助の場合――麻痺側の腰に手を添える方法

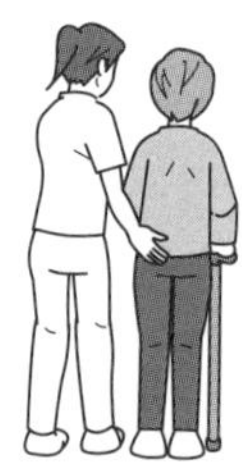

●中等度介助の場合――麻痺側の腰＋胸（鎖骨の下あたり）に手を添える方法

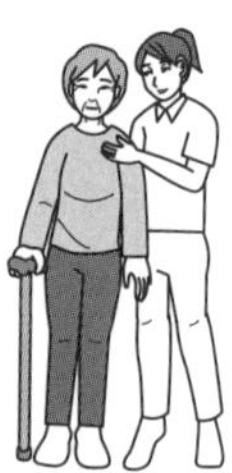

●最大介助の場合――麻痺側の腰＋脇の前側に手を添える方法

❸p.116の❶～❸と同様

利用者の1段下で介助します。

杖歩行介助で階段を下りる

❶麻痺側の斜め前方に立つ

階段幅が狭い場合は、正面に立ちます。

❷麻痺の程度に合わせて支える

- 一部介助の場合——麻痺側の腰に手を添える方法

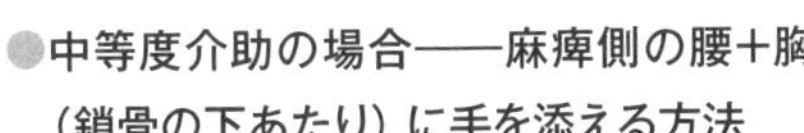

- 中等度介助の場合——麻痺側の腰＋胸（鎖骨の下あたり）に手を添える方法

- 最大介助の場合——麻痺側の腰＋脇の前側に手を添える方法

❸p.117の❶～❸と同様

利用者の1段下で介助します。

動作の「なぜ?」がわかる! なぜ、利用者の1段下に立って介助するの?

➡ 歩行に比べ、足を上げる際に転倒・転落のリスクが高いためです。

足を上げるときは段差につま先が引っかかりやすく、下がるときはひざ折れや踏み外しなど転倒・転落のリスクが高いため、1段下で介助します。

動作の「なぜ?」がわかる! 腕をしっかり持てば倒れないのでは?

➡ 一歩が踏み出しづらくなるため、かえって転倒のリスクが高い!

転倒しないよう密着して介助する場面が見られますが、過剰に支えていることで、動きが妨(さまた)げられ、重心移動が難しくなり、転倒するリスクが高まります。

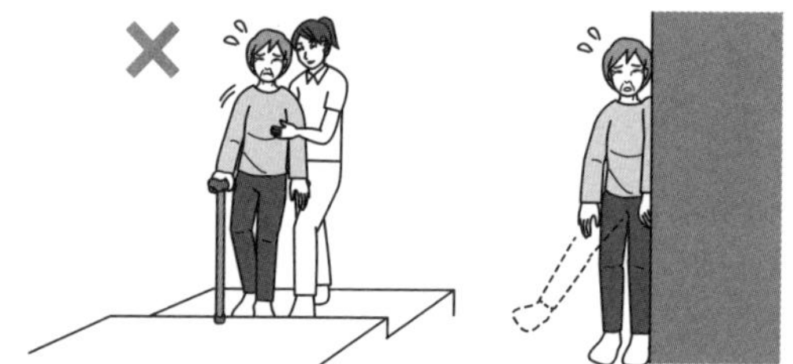

歩行車の合わせ方と選び方

手順

❶歩行車を持つ
❷ひじの角度は30度程度、前腕支持型の場合は90度程度
❸高さを調整する
❹歩いて安定性を確認する(前進、後進、左右方向転換)

ほかにも、腰が曲がって前かがみ姿勢になっていないか、歩行車が身体から過度に離れていないか、身体の動揺はあるか確認します。

動作の「なぜ?」がわかる! **シルバーカーと歩行車の違いは？**

➡ **シルバーカーよりも歩行車のほうが姿勢は安定しやすいです。**

シルバーカーでは重さがかかる位置が後輪の真上にくるため、極度に前かがみ姿勢になったり、転倒する危険性があります。歩行車では重心が支持基底面に収まるため、安定しやすいという特徴があります。

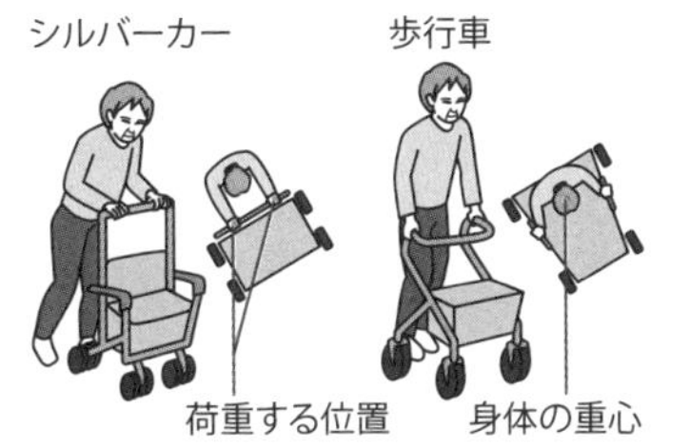

歩行車を使った歩行

手順

❶歩行車の後輪が足と並行になるように（歩行車の支持基底面内に）立つ
❷両サイドのグリップを持つ
❸背筋を伸ばし前を向く
❹脇をしめる
❺進行方向へ押しながら前に進む

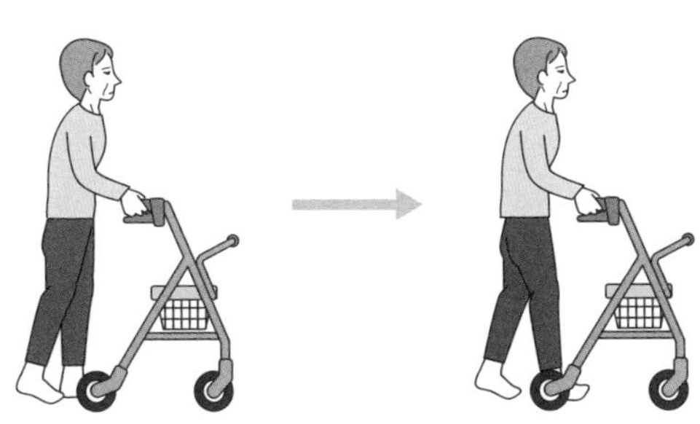

歩行車を使った歩行介助

手順

❶（後輪が足と並行になるように）歩行車を利用者の目の前につけます
❷ 利用者の患側に立つ
❸ 歩行車に手を添え、もう一方は利用者の骨盤に手を添える
（速度や方向のコントロールができる場合は歩行器に手を添えなくてよいです）
❹ 健側へ体重移動し、もう一方の足を踏み出す
❺ 患側へ体重移動し、健側の足を踏み出す
❻ ❹～❺を繰り返す

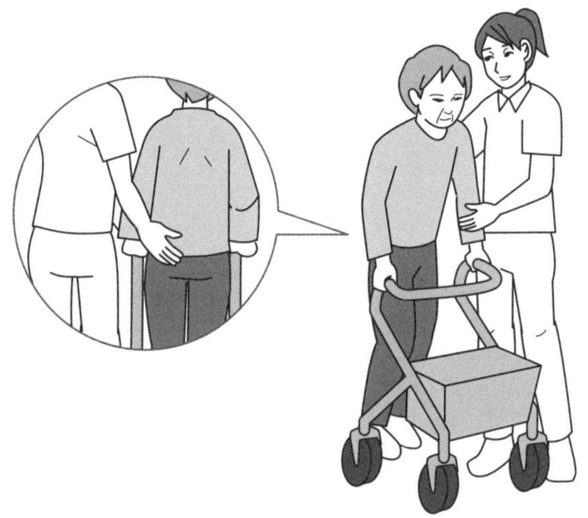

Column 「1日でも長く自分の足で歩き続けたい」を守るための工夫

介護現場では、利用者が歩行中に転倒し、すぐに終日車いすに対応を切り替える場面が見られます。転倒リスクを増大させないための対策は大事ですが、極端な切り替えにより、自分で歩く機会を失い、刺激のない日々を過ごし、生きる楽しみを失ってしまうリスクも視野に入れて判断しなくてはいけません。

自分で歩く機会を奪われることによるリスクとは何でしょうか。この場合、起立・着座の機会が減ることによる下肢の筋力低下やバランス能力の低下です。これらが続くと、歩行自体ができなくなり、トイレに行くことや移乗動作など日常生活にまで悪影響を及ぼします。

このような歩く機会を減らすことによるリスクと転倒リスクとその原因を分析し、原因に対しての対策を講じることが必要です。たとえば、

- **歩行補助具や靴の見直しなどをする**
- **トイレ空間内やベッドサイドでの数歩は確実に介助で歩く、利用者の席とトイレまでの間のみ歩くようにしていくなど、段階的に場面や距離を徐々に増やす**

といった工夫や対策ができます。

また、歩き続けるための支援の流れは下図の通りです。

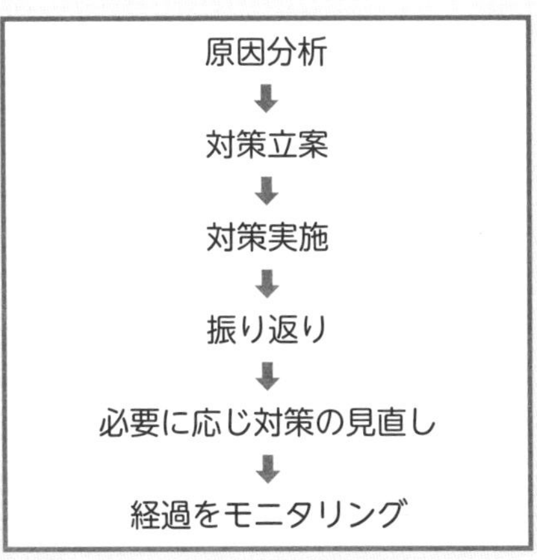

第5章

食事、排泄、入浴、着替え、身だしなみ

5-1 食事

利用者に食事を安全に、安心して楽しく食べてもらうためにはまず環境を整える視点が大切です。利用者にとっての食事の意義を考えながらかかわるようにしましょう。

食事前に知っておきたいこと

介護における食事というのは、ただ栄養を補うだけの役割だけではありません。おいしいものを食べ、親しい人などと一緒に楽しみながら食事を摂ることで、日々の生きる活力につながります。

そのために私たちができることは、ただ食べる行為だけでなく、それらを取り巻く環境に目を向けます。ここでの環境とは、食べ物の栄養素から飲み込みやすい食べ物、食器、テーブルの高さのチェックまで非常にさまざまです。また、それぞれの利用者の好みや意向の確認も大事です。介護職による介助や声かけが食事の楽しみを奪っていないか、注意しましょう。

食事をする前に知っておきたいポイントをあらためて学習しましょう。

いす（ダイニングチェア）での食べやすい姿勢

自力で座位を保てる利用者であれば、ダイニングへ行き、いすに座って食事をしてもらいましょう。

身体のバランスを保ち、食べやすくするためにも、そして誤嚥（ごえん）予防のためにも、まずは正しい姿勢を確保することが重要です。

ただし、時間が経つと徐々にいすからずり落ちてしまうこともあります。食事前、食事中にかけて姿勢がくずれていないか、常に確認しましょう。

▼いす（ダイニングチェア）に座って食事する際の正しい姿勢

▼足が床につかない場合の食事姿勢

車いすでの食べやすい姿勢

本来、車いすは移動手段のための福祉用具です。できる限りダイニングチェアに移乗してもらうようにしましょう。

車いすでも観察するポイントは通常のいす（ダイニングチェア）と同じです（P.103 参照）。

ただし、①フットサポートを上げる（外す）、②（足が浮いていれば）足台に乗せる、③クッションやタオルでいすの背もたれと背中の隙間をなくすよう調整するなどに注意しましょう。

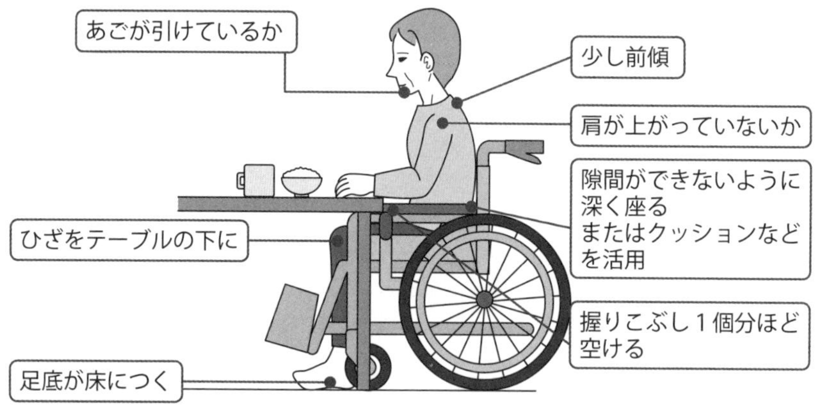

ベッド上での食べやすい姿勢

ベッドで食事をする際は、下図の５つのポイントを順番に確認します。

テーブルを近くに置き、利用者の状態に応じて食べやすいよう、斜めから介助しましょう。

スプーンの選び方

利用者が安全に摂食・嚥下できる、一口量スプーンを選択しましょう。

☑利用者の口の大きさに入る幅
☑スプーンを舌においたときに
　上唇で取り込み切れる長さ
☑引き抜く際に上唇で取り込み切れる深さ

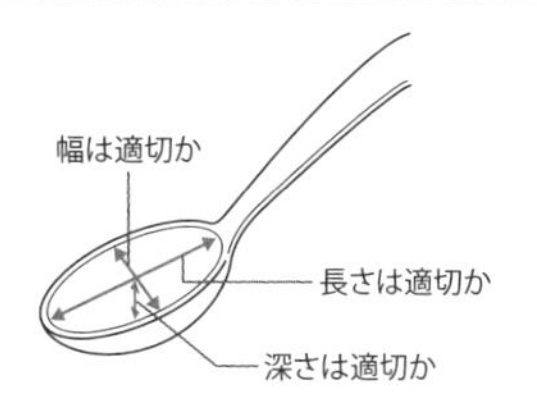

食器の選び方

食器はスプーンですくいやすくするため、縁に「かえし」がついているもの、あるいは垂直に近い角度の深さがあるものを選びましょう。

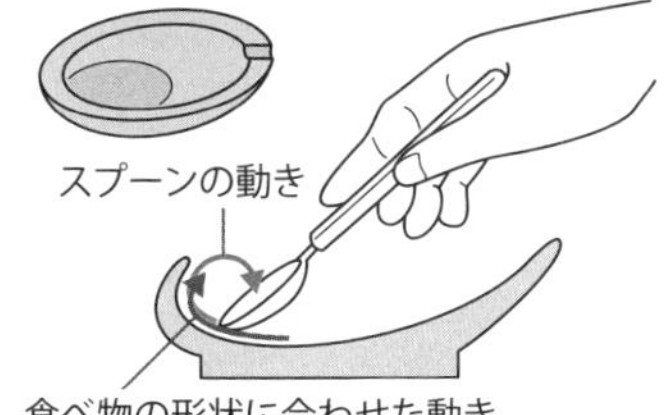

食事動作とおもな観察ポイント

私たちは食事する際、食べ物を見て、口に運び、味わいながら咀嚼をし、そして飲み込みます。この一連の動作には5つの段階があり、「摂食・嚥下の5期モデル」（次ページ）といわれています。

介護場面における食事中でとくに気をつけたいのが、誤嚥や窒息です。最悪の場合死に至るケースもあるので十分注意が必要です。日頃から嚥下機能を評価したり、とっさの対応方法を個人・チーム内で確認しましょう。対応方法としては、口の中を確認し指で食べ物をかき出す指拭法からタッピング法、掃除機で吸引する方法などがあります。

またよく勘違いされますが、誤嚥や窒息は「咽頭期（飲み込むとき）」だけに起こる事象ではありません。どの時期でも生じる可能性はあります。たとえば、食べ物と認識できないまま口に入れてしまい、そのまま喉の奥に流れ込んで誤嚥してしまう嚥下前誤嚥や、うまく食塊を作れず飲み込んだ後にも喉奥に食べかすが残り、気管へ流れ込み誤嚥してしまう嚥下後誤嚥があります。

認知期

食べ物を認識する

観察するポイント

無反応、認識せずに口に詰め込む

咀嚼期

食べ物を噛み砕き唾液と混ぜ合わせながら食塊を作る

観察するポイント

時間がかかる、食塊がまとまらない、よだれが出ている、こぼれている

口腔期

食塊を舌の力で喉の奥まで送り込む

観察するポイント

食べ物が残っている、飲み込むとき上を向く

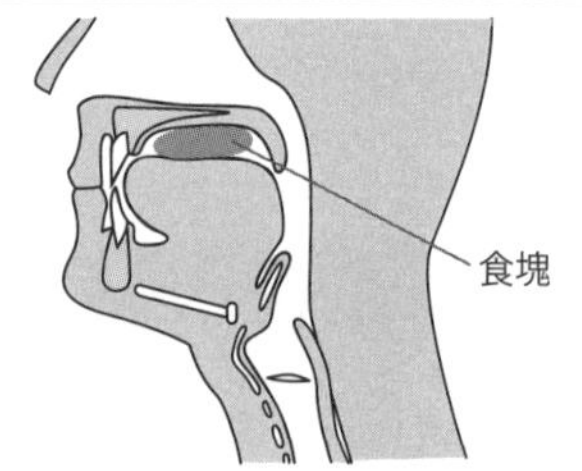

咽頭期

飲み込み、食道へ送り込む

観察するポイント

鼻から食べ物が出る、咳が出る、むせる

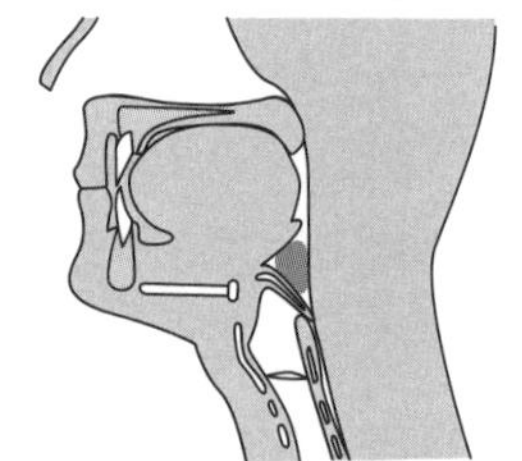

食道期

食道のぜん動運動で胃へ送り込む

観察するポイント

嚥下したのに口の中に戻ってくる／寝ているときにむせる

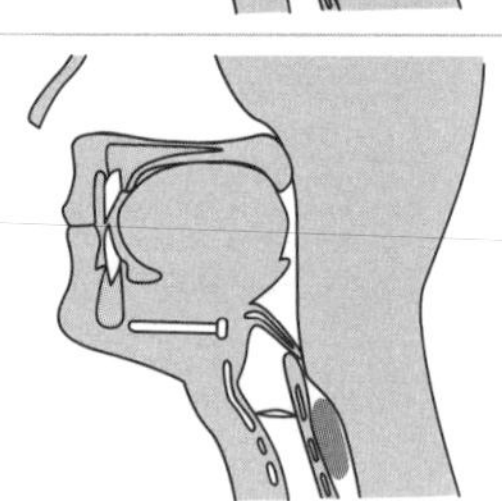

一口量を把握する

介護現場では、誤嚥を防ぐためにゼリー類などもスプーンで細かく砕いたり、おかずをすべてきざみ食として提供する場面をよく目にします。ところが、きざんだ食物が口の中でまとまらず、食塊が作られず、飲み込んでも咽頭で残り、気道に食べ物が入ってしまうことがあります。つまり、かえって誤嚥する危険性を高めることになるのです。

この場合、「なんでも細かく砕く」と覚えるのではなく、「一口大（利用者それぞれに適した一口量）にスライスする」と理解しましょう。一口量の目安ですが、日頃からむせたり、食事後もよく食べ物が残るなど、嚥下障害が推測されれば、まず**小指の第一関節程度（10 × 20mm）**の大きさから開始します。

そして、むせたりせず、口の中や喉を観察しても問題がなければ、機能に合わせて徐々に一口量を大きくします。

▼一口量のはかり方

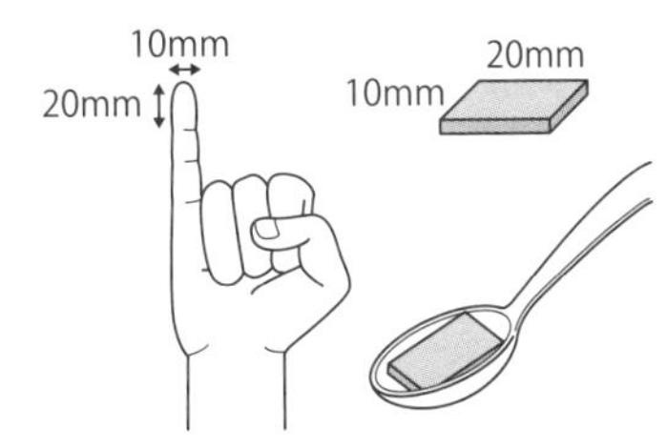

とろみのつくり方

嚥下障害のある利用者にとろみをつけた食事を提供することがありますが、どの程度とろみをつけたほうがいいのか、そのつくり方はわかりますでしょうか？

利用者にとって適切な食事を提供するためには、とろみの程度やつくり方を身につけることが大切です。

とろみの程度を判断する際は、中間のとろみから評価を開始します。次ページのフローチャートの手順を目安にするとよいでしょう。

▼とろみのフローチャート

※「むせ」の有無を確認し、→に沿って進みます。

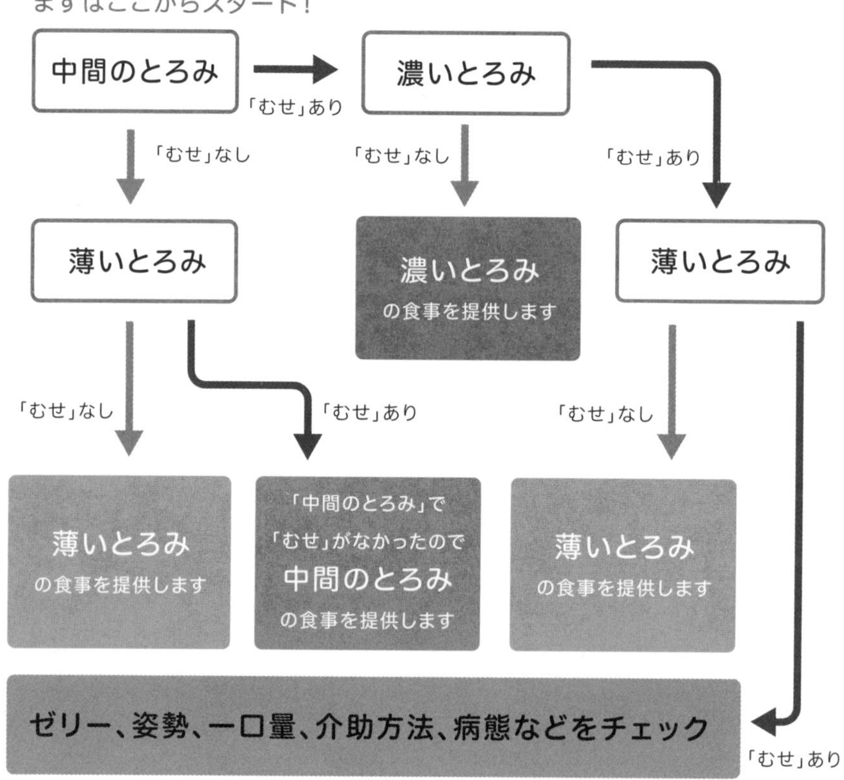

このようにフローチャートに従いとろみの程度を事前に把握することで、誤嚥などの介護事故を減らすことができます。利用者一人ひとりに合ったとろみの程度を評価し、食事を提供しましょう。

しかしとろみをつくり、日々食事を摂取していても、一食ごと、あるいは担当者によって「とろみの程度」が異なると、嚥下機能を評価することができません。

「とろみの程度」を均一にするために、以下のポイントを守ります。

☑同じスプーンを使用する
☑一杯量を規定する
☑誰がつくっても同じとろみである

とろみのつくり方は下図を目安に、施設内・チーム内で統一することが大事です。どの利用者にどの程度のとろみが必要なのかを、一覧表にまとめたり、コップに計量スプーンと同様の色のテープを貼付したりするなど、どの介護職が行っても同じ介護技術が提供できるよう環境を整えることが大切です。

一口量や食事介助のスピードが飲み込むタイミングに合っていないと、誤嚥につながります。これら利用者の状態を観察しながらとろみを調整し、さらにこれから述べる食事介助の手順を身につけることで、初めて利用者は食事を楽しむことができます。

▼とろみのつくり方

「口から食べる」の前提条件

①覚醒している
②呼吸が安定している（SpO2：95% 以上、呼吸数 20 回 /min 未満、リズムが一定）
③唾液（もしくは 3ml の水）で嚥下反射がある
④口腔内が清潔で湿潤している
⑤十分な咳ができる
⑥舌、喉頭運動の低下がない（嚥下時に喉仏が上がっているか）

もし上記のうち、一項目でも満たしていない場合には誤嚥および誤嚥性肺炎を招くリスクが高まります。

食事介助前は、①～③を目視で観察し、食べる際に④～⑥を確認します。確認方法は、食べかすや痰（たん）があるなど不潔な状態と認められれば、スポンジブラシや歯ブラシ、舌ブラシなどでみがいておきます。また、口の中が乾いている場合は、一口お茶やお水を含ませるようにします。

Column 利用者が「食べたくない」と言った意外な理由

ふだん問題なく食事している利用者がある日、急に「食べたくない」「口を開けたくない」と言うことはよくあります。

こうした言葉の裏には必ず原因があります。その原因はさまざまにありますが、見落しがちな意外なポイントとして、「食べ物と認識していない」ことがあります。食べ物の香りを嗅いでもらう（嗅覚）、食べ物を見てもらう（視覚）、「〇〇さんの大好きな〇〇ですよ」と声かけする（聴覚）などの五感に働きかけた対応を心がけましょう。

いすでの食事介助

❶介護職が横並びで座る

目線を合わせ、介護職がいることを認識してもらいます。

❷一口量を調節する

❸利用者に見えるように正面下からゆっくりと口に運ぶ

目の前で1～2秒止めてから口に運びます。食べ物を目で見て認知してもらうよう、促します。

❹やや斜め下から口へ運ぶ

あごが引けているか確認しましょう。あごが上がった状態のままだと誤嚥や窒息のリスクがあります。上から運ばないようにしましょう。

❺舌の前～中腹を下に押す

- 「あごを下に引く、口を閉じて食べ物を取り込む、舌が動く」の3つの動きを促します。
- スプーンを奥に入れすぎると、嘔吐させてしまう危険性があります。

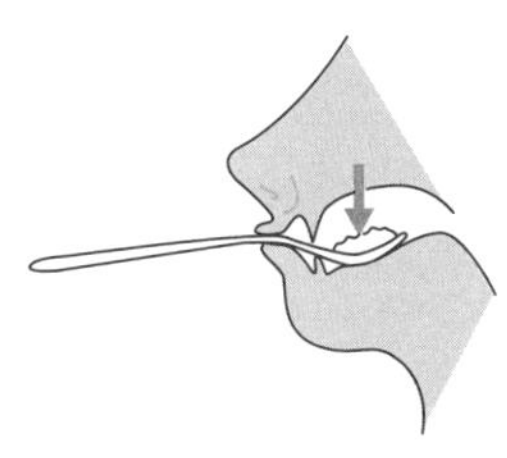

❻顔の角度に合わせて斜め下に引き抜く

床と並行にまっすぐ引き抜いたり、斜め上に引き抜くとあごが上がって誤嚥しやすくなります。

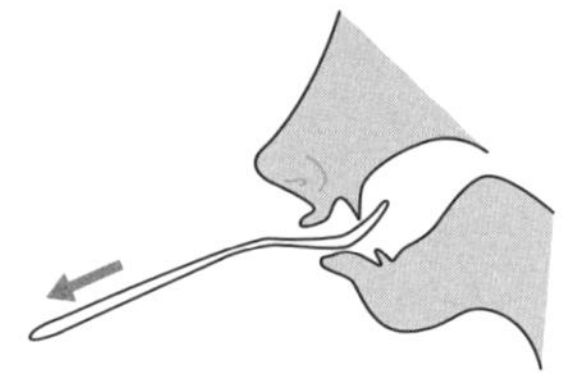

❼食後、2時間は上体を起こす

上記はスプーンによる介助ですが、歯で噛(か)んで味わいにくいというデメリットもあります。

食事の楽しみを感じてもらうためには、その人に合った食事形態に応じつつ、噛んで味わえる食べ物を用意する方法も検討しましょう。

動作の「なぜ?」がわかる!　なぜ、横並びに座って介助するの？

➡ 利用者の水平方向の最大視野内に座り、介護職を認識してもらうためです。

人間の片目で見える範囲は60度といわれています。色や形、質感を認識してもらう範囲に位置しましょう。ただし、立ったままでは口を運ぶ位置が高くなり、正面からだと圧迫感が生まれるので、避けるようにしましょう。

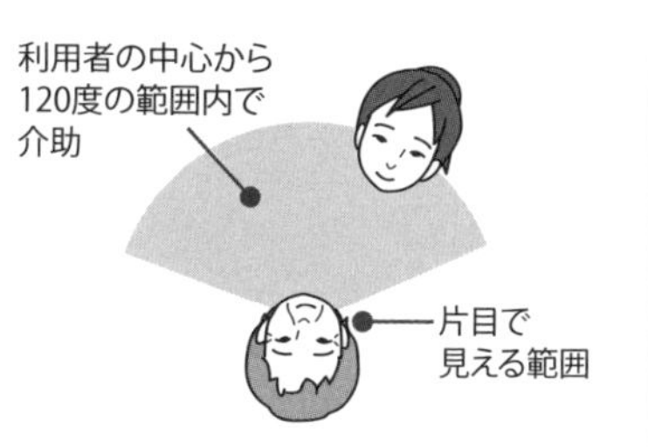

動作の「なぜ?」がわかる!　なぜ、食べ物を正面下から運ぶの？

➡ 何を口に運ぶのか認識してもらい、味をイメージしてもらうためです。

動作の「なぜ?」がわかる!　**なぜ、やや斜め下から食べ物を運ぶの？**

➡ **あごを引いた姿勢になり、飲み込みを促すことができるためです。**

上から入れるとあごを引いた姿勢がとれなくなり、誤嚥のリスクを高めます。

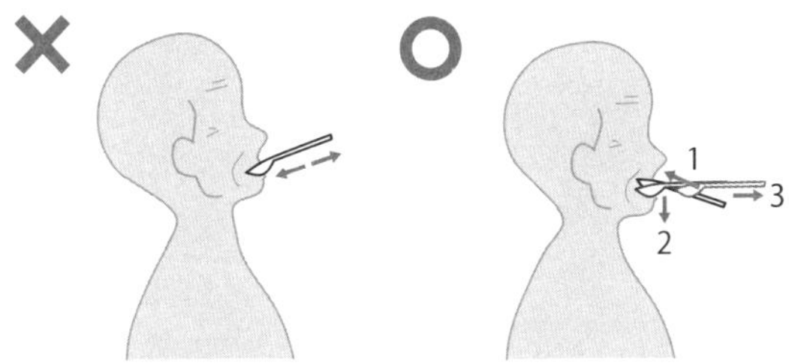

動作の「なぜ?」がわかる!　**なぜ、食後しばらく上体を起こすの？**

➡ **食べ物が逆流し、嘔吐、胃酸の逆流、誤嚥を防ぐためです。**

高齢者は胃の入り口を閉じる筋肉も衰えやすくなるため、食事のゆったりした時間を過ごすためにも、食後2時間は上体を起こしておきましょう。

食後のチェックポイント

口の中に食べかす（残渣）がないか確認する

食後は、口の中に食べかす（残渣（ざんさ））を必ず確認しましょう。気管に入り、誤嚥しまう危険性があります。口の中だけでなく、会話中にも「ガラガラ」といった音が混ざっていないか、口をモゴモゴ動かしていないかを確認します。

食べかすがあれば、以下の対応で取り除きます。

- 唾液を一度飲み込む
- 少量（30 mℓ程度）の水やお茶を飲む

口腔ケアを欠かさない

食後に口腔ケア（歯みがきや清拭）を行うことで、口の中を清潔で快適な環境に保つことができます。適切な口腔ケアは、唾液の分泌を促し、抗菌・浄化・湿潤・消化促進など大きな効果があります。詳しい介助方法は後ほど記します。

すぐに横にならない

食後２時間以上、起きていることが望ましいです。食べてすぐに寝っ転がる（臥床）と、胃に入った飲食物が重力で逆流しやすくなるためです。胃の内容物は胃液と混ざり酸性が強いため、逆流性食道炎を引き起こしやすく、誤嚥性肺炎につながりやすくなります。

とくにパーキンソン病などの血圧のコントロールが難しい（自律神経障害）疾患がある利用者やベッド上で食事した利用者は、血圧が低下しないか注意しながら上半身を45～60度以上ギャッチアップした状態を保つようにしたり、車いすであればティルト・リクライニング機能を活用したり、足部を挙上したりするなど、食後の姿勢を検討しましょう。

▼逆流性食道炎が起こるしくみ

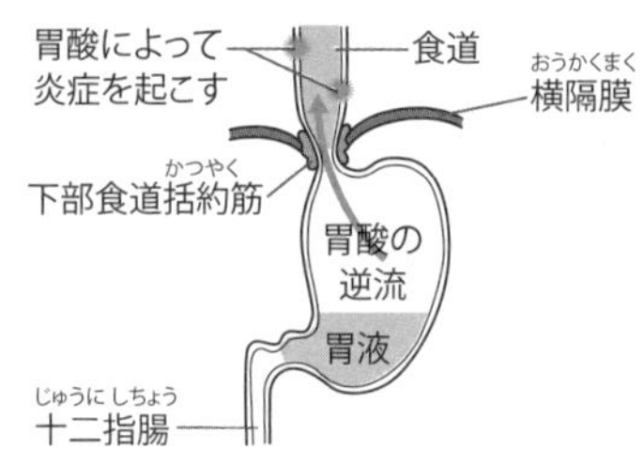

▼誤嚥性肺炎が起こるしくみ

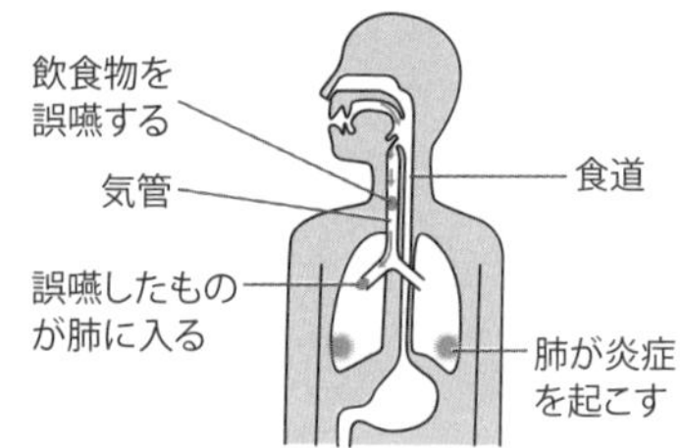

口腔ケア

歯みがき介助

歯みがきの介助は、利用者も介護職も座り、同じ高さの状態から行います。ベッド上でもなるべく上体を起こした状態で行います。

その際、①座位を安定させること、②あごを引いた状態、の2点を確認してから介助します。あごが上がった状態のまま行うと、取り除いた汚れが奥へ流れ込み、誤嚥する危険性があります。歯ブラシはヘッドが小さく、ブラシが柔らかいものを使います。細かく汚れを取り除くように動かしてみがきます。

❶水またはぬるま湯ですすぐ・うがい

大きい食べかすを複数回分けて吐き出します。

❷歯みがき粉をブラシにつける

❸「えんぴつ持ち」で歯ブラシを持つ

「口を開けましょう」と声かけをしましょう。

❹毛先を歯の面に対して90度、溝は斜め45度に当てる

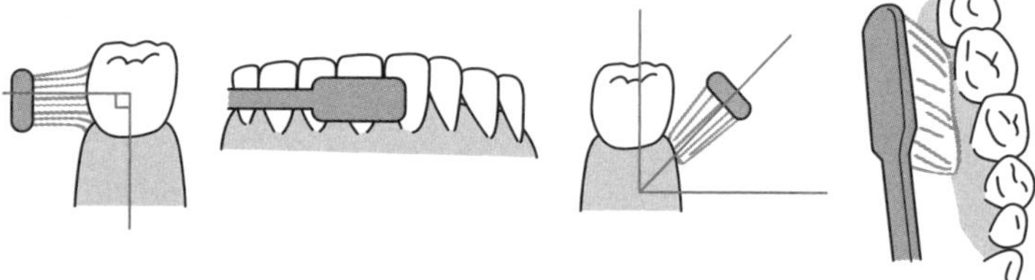

❺小さざみに動かしてみがく

軽い力で「シュッシュッ」という汚れを取り除くイメージでみがきましょう。

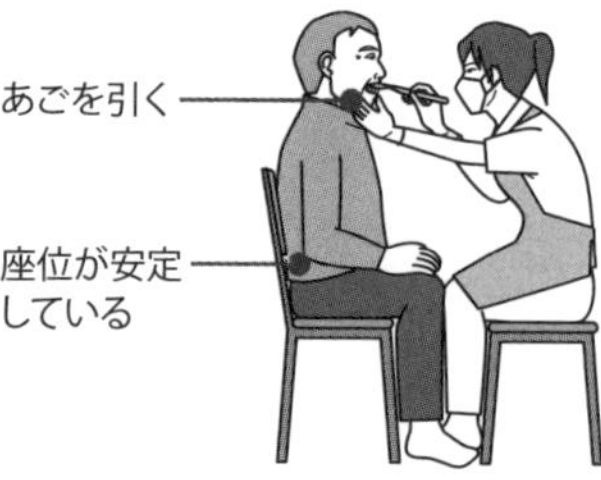

❻水またはぬるま湯でよくすすぐ

❼口の周りを拭く

口の周りに粉や汚れがついていないか確認します。

動作の「なぜ?」がわかる!　**なぜ、えんぴつ持ちにするの？**

➡ 力の入りすぎを防ぎ、小きざみに動かせるからです。

自分がやっているからと握るようにしてゴシゴシとみがく場面がみられますが、歯や歯肉を傷つけるため適切な介助ではありません。

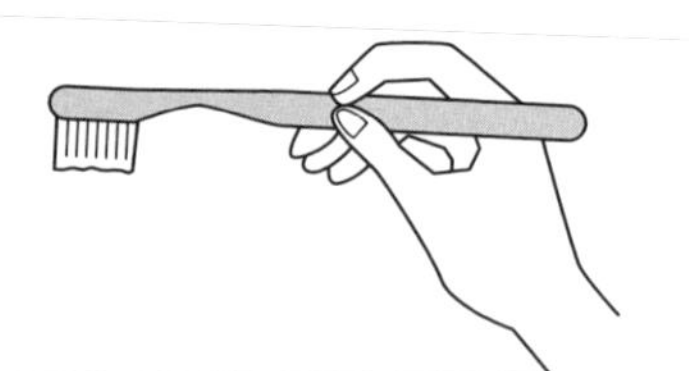

動作の「なぜ?」がわかる!　なぜ、直角または斜め45度に当ててみがくの?

➡ **みがき残しを極力減らせることができるからです。**

歯と歯肉の間に食べかすが残り続けると歯周病や歯肉炎、虫歯などのトラブルになります。ブラシの毛先を歯肉の縁に軽く当てて食べかすをかき出すとみがき残しを防げます。

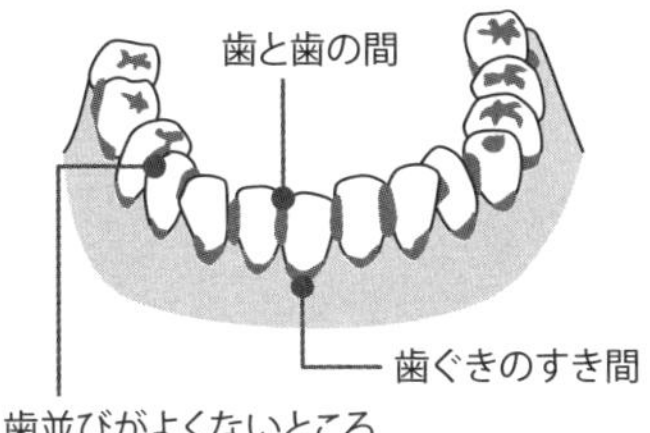

ベッド上での歯みがき介助

以下のポイントを踏まえて、介助しましょう。

☑介護職はいすに座る
☑誤嚥しないよう姿勢を整える
☑上体の角度は30 〜 45度が目安
☑難しい場合、完全側臥位で行う

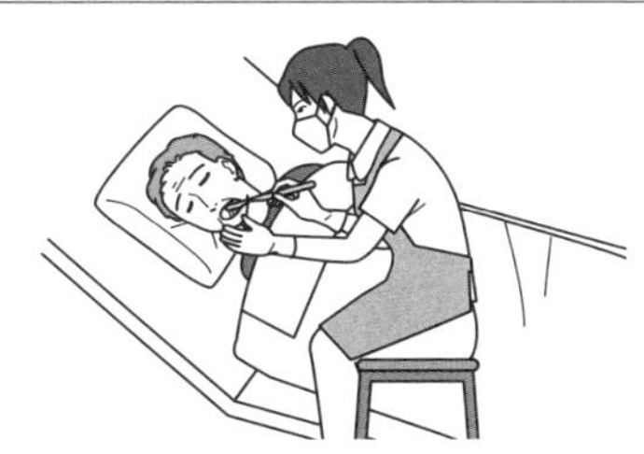

口腔清拭

身体を自ら起こすことができない、あるいは水を口に含むことができない利用者の場合は、口腔清拭を行います。

口の中をきれいにする用具は、歯ブラシだけではありません。利用者の汚れの状態に応じて用具を選択しましょう。主に施設の利用者では、歯ブラシ、スポンジブラシを使うことが多いです。

スポンジブラシや指に巻いたガーゼを水で湿らせ、奥から手前に汚れを出すようにします。不快感や痛みが生じないよう、一度で汚れを取り除こうとせず、徐々に行います。

口の中が乾燥しやすく汚れがこびりつきやすい人には舌ブラシ、食べかすが残りやすい人にはスポンジブラシ、歯のすき間に詰まったものが残りやすい人には歯間ブラシが適しています。

うがいをすることで食べかすや汚れを大まかに取り除くことができ、口腔内に残ったり後に気管に流れ込むことを予防します。

唇や口の中を湿らせることで、乾燥によるひび割れや口が開きづらさを軽減し、汚れを落ちやすくします。歯だけでなく舌や歯茎、粘膜（頬や唇の内側）も清潔にし刺激することで唾液分泌が促されたり、歯周病などのトラブルの予防につながります。口腔内外を保湿することで、ひび割れや飲み込みづらさ、味覚異常や菌の増殖などを予防します。

保湿する際は、スポンジブラシなどに保湿ジェルを付け、ひび割れやすい箇所に塗ります。唇や口の中がひび割れやすい利用者には、菌の繁殖を防ぐためにも、必ず塗るようにしましょう。

口の中全体の機能維持は､食事場面だけに活かされるものではありません。言葉が滑らかに出やすくなるためコミュニケーションが円滑になり、さらにそれが摂食嚥下の機能を維持する、といった好循環を生みます。

手順

❶利用者の状態に応じて口腔ケア用品を選ぶ
❷うがいする
❸汚れをみがく・除去する
❹舌や歯茎、粘膜(ほほの内側)を清潔にする
❺うがいする
❻保湿する

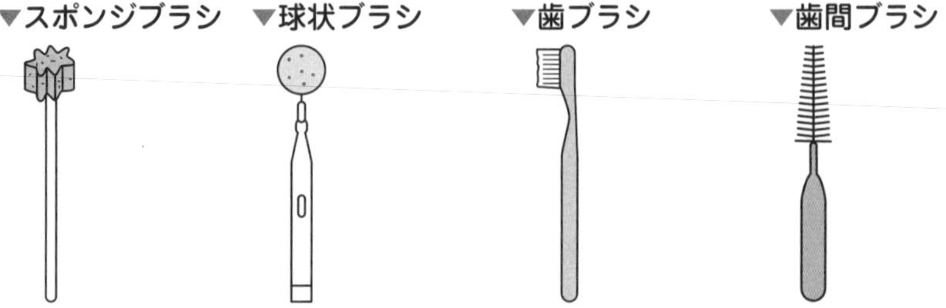

5-2 排泄

排泄は生活に欠かせない行為ですが、同時に非常にプライベートな部分でもあります。利用者の尊厳を損なわないようにしながら支援しましょう。

排泄介助の際に知っておきたいこと

排泄は人間にとっての生活行為であり、同時に非常にプライベートでもあります。たとえ認知症の症状が進んだ利用者でも、自尊心や羞恥心の気持ちはあります。それらがないがしろにされると、高齢者は身体が元気な状態でも失禁をするようになったり、おむつが必要になるなど、生きる力が低下したり、自らの存在価値を否定したりするようになってしまいます。

尊厳とプライバシーを守るためには、声かけと承諾を得るようにしましょう。見守りが必要な場合でも、「一緒にトイレに入りますね」「失礼します」など、動作一つひとつに声かけを徹底します。周囲からの目線・排泄音・においなどプライバシーに十分に配慮しましょう。

陰部や肛門部は不衛生になりやすい部位です。常に清潔を心がけ、感染予防に努めることが必要です。

トイレでの排泄介助の流れは、移動介助から始まり、立ち上がり介助や着座介助などさまざまにありますが、介護職はこの一連の動作で、どの部分の支援が必要か判断し、最小限の介助を目指しましょう。

排泄しやすい姿勢

排便を正しく促すためには、まずは姿勢を整えることが大事です。

下表のように、姿勢を安定させることで、排便に適した環境を整えることができます。

▼排便姿勢を整えることによる効果

姿勢が安定	姿勢が不安定
・便を押し出す力がかかる ・腸の運動が活発になる ・便が通りやすい	・便を押し出す力がかかりにくい ・腸の運動が不活発になる ・便がとどまりやすい

排便しやすい姿勢のポイントは、以下の通りです。

☑前かがみ姿勢になっている
☑足が床に全面ついている
☑腕が太ももや手すりについて安定している
☑左右に傾いていない

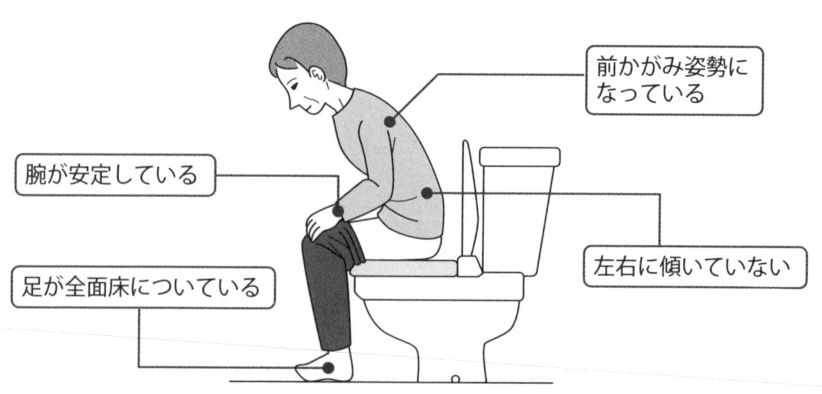

ポータブルトイレ使用前に環境を整える

夜間、トイレに行く回数が多い利用者やトイレまでの移動が難しい利用者の場合、ポータブルトイレを設置します。

ポータブルトイレは、便座の高さやひじ掛けの着け外しの有無、重さ、便座の加温機能の有無、運搬（うんぱん）のしやすさなどを考慮して、利用者の能力や目的に適したものを選択しましょう。

ポータブルトイレを使用する前に確認しておきたいポイントは、以下の通りです。

☑高さを調節する
☑L字柵を活用する
☑ひじ掛けを活用する
☑プライバシーに配慮する

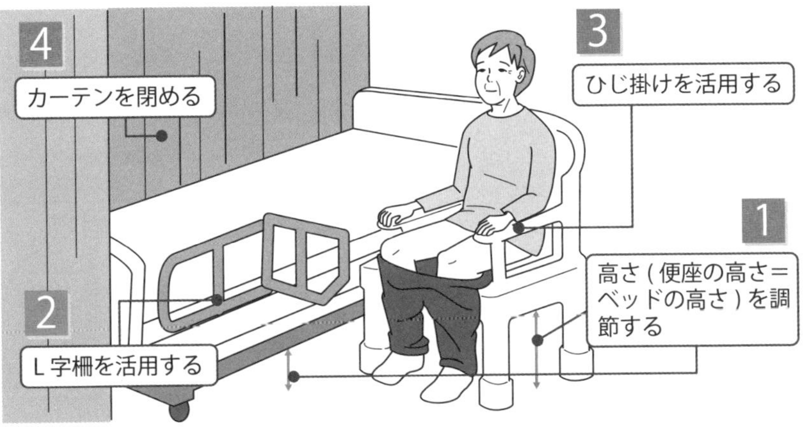

排尿時・排泄時のおもな観察ポイント

尿や便の状態は、利用者によって違います。だからこそ、「今日の便（尿）は正常か、異常か」もしくは「今日の便の状態は医療職に報告したほうがいいのか」というのは、その利用者の「いつもの状態」を把握していないとわかりません。

日々の観察と記録を徹底することで、「いつもと違う」と気づくことができます。

尿の観察ポイント

①尿の色

一般的に、黄褐色（おうかっしょく）（茶色がかった黄色）です。脱水症状になると、濃い黄色、血尿だと赤色、膀胱炎（ぼうこうえん）や尿道炎（にょうどうえん）では、にごった色になりやすいです。

②尿の回数

1日に5～8回を目安とし、10～15回を超える頻度であれば、過活動膀胱や尿路感染などを疑います。

③尿量

1日に2,500mlを目安に評価します。ただし、トイレに行っても実際にはごく少量しか出ない場合があるので、必ず「回数×1回の排尿量」で評価しましょう。

☑尿の色が違うか
☑尿の回数が違うか
☑1回の尿量が違うか

便の観察ポイント

①便の色

黄褐色（おうかっしょく）が基本ですが、肝臓やすい臓の疾患がある場合は灰色～白色になりやすく、上部消化管（胃や十二指腸）からの出血をすると、タール便といわれる黒色になりやすく、肛門付近の出血だと赤色になりやすいです。

②便の回数

１日１～２回が目安ですが、尿と同様、「回数×１回の排便量」で評価しましょう。

③便の形状

便の形状や性状をはかるものとしては、国際的に使われている「ブリストルスケール」を目安にしましょう。客観的なスケールを用いることで、他職種との報告・連絡がスムーズに進められます。

☑便の色が違うか
☑便の回数が違うか
☑便の形状が違うか

▼ブリストルスケール

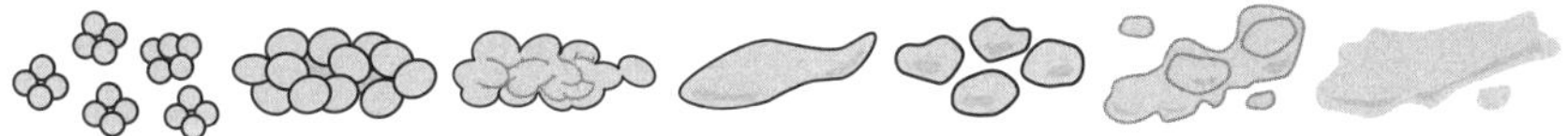

トイレでの排泄介助

❶車いすをトイレに近づける

30～90度の角度で近づけます（イラストは90度）。

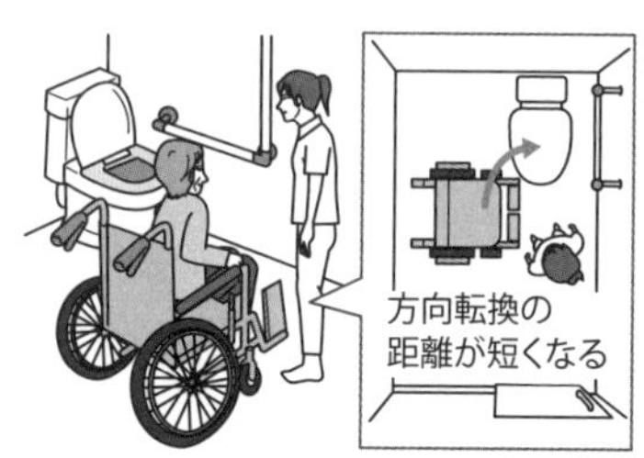

❷縦手すりを持ってもらう

「手すりを持って立ち上がりましょう」と声かけをしましょう。車いすと手すりを近づけすぎると前傾できないこともあるので、注意します。

❸側方または後側方に立ち、立ち上がりを介助する

立ち上がり介助の要領で立ち上がってもらいます。

❹向きを変える

足を踏み替えし、お尻をトイレに向けます。

❺衣類を広げながらズボン（下衣）を下ろす

お尻など身体のラインに合わせて両手でゆっくりとズボンを下げます。このとき、広げず素早く下ろすと、不安定になり、転倒のリスクが高まります。

❻着座する

「軽くお辞儀しましょう」と声かけをします。
ひざ折れに注意しながら着座します。

❼姿勢を整えて、排便してもらう

お尻が便座の中央にあり、かつ、排泄しやすい姿勢（→p.144）になっているか確認し、必要に応じてトイレの外に出ましょう。

❽縦手すりを持ってもらう

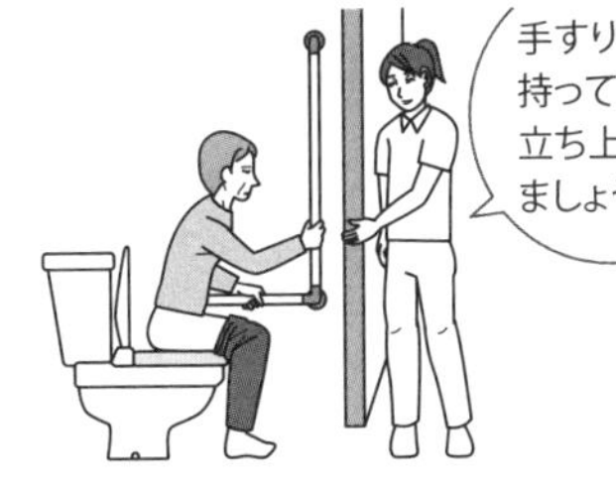

❾側方または後側方に立ち、伸び上がりを介助する

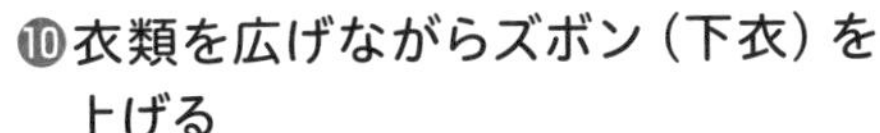

❿衣類を広げながらズボン（下衣）を上げる

ズボンを下げるときと同様、身体のラインに合わせてゆっくりと上げます。

⑪向きを変える

足を踏み替えし、お尻を車いすに向けます。

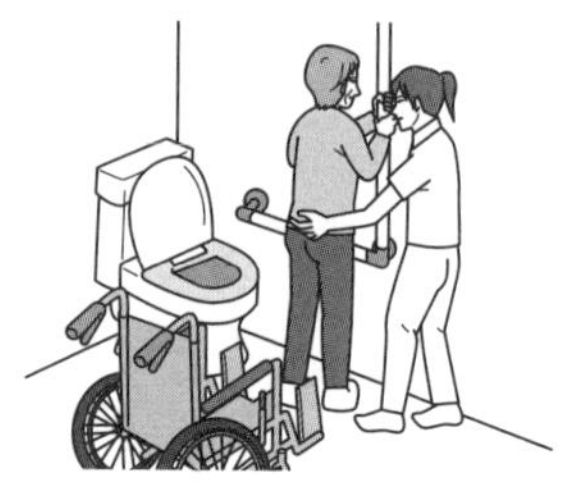

⑫着座する

動作の「なぜ?」がわかる!　**なぜ、衣類を広げながらズボンを下ろすの？**

➡ **骨盤やお尻に衣類が引っかからないようにするためです。**

衣類をそのまま引っ張って下げると、お尻の皮膚に摩擦が起こり、傷つけてしまいます。姿勢が不安定になり転倒しないよう、なるべく引っかかりなくスムーズに上げ下げできるようにしましょう。

ポータブルトイレでの排泄介助

❶ポータブルトイレを設置し、準備する

p.145を参照に、準備します。

❷L字柵を持ってもらう

「L字柵を持って立ち上がりましょう」と声かけをしましょう。

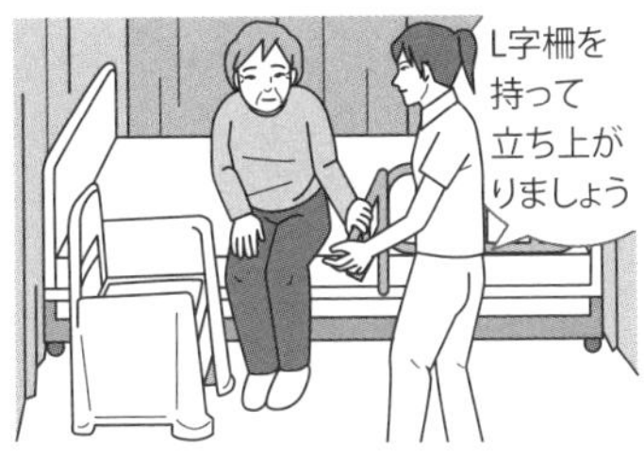

❸立ち上がりを介助する

立ち上がり介助の要領で立ち上がってもらいます。

❹向きを変える

足を踏み替えし、お尻をポータブルトイレに向けます。

❺衣類を広げながらズボン（下衣）を下ろす

❻着座する

❼姿勢を整えて、排便してもらう

お尻が便座の中央にあり、かつ、排泄しやすい姿勢（→p.144）になっているか確認し、必要に応じて居室から出ましょう。

❽L字柵を持ってもらう

「手すりを持って立ち上がりましょう」と声かけをしましょう。

❾立ち上がりを介助する

立ち上がり介助の要領で立ち上がってもらいます。

❿衣類を広げながらズボン（下衣）を上げる

⓫向きを変える

足を踏み替えし、お尻をベッドに向けます。

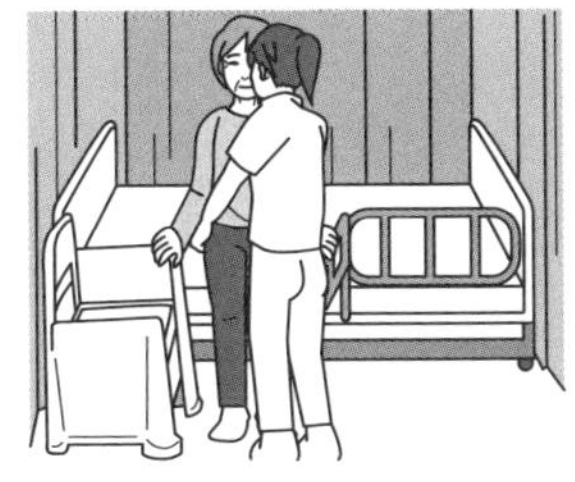

⓬着座する

おむつ介助

❶ベッドの高さを調整する

ベッドが低いと前かがみ姿勢が強まり腰痛を招きます。

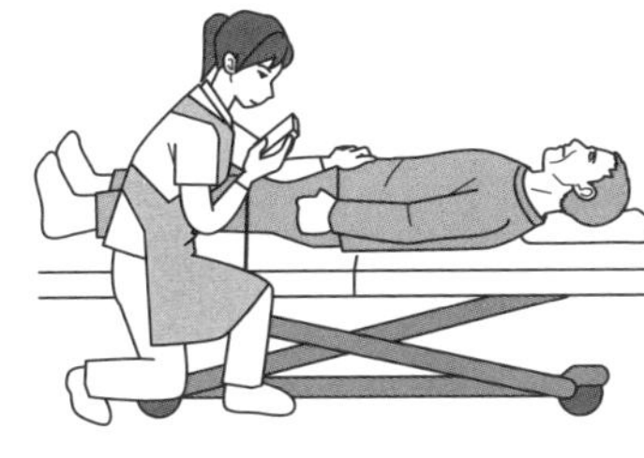

❷奥へ完全側臥位にする

お尻を手前にすることで、介護職の腰への負担を減らします。

❸蒸しタオルできれいにする

タオルを替えつつ「陰部→肛門→お尻全体」の順に、お尻は「の」の字を描くように拭きます。

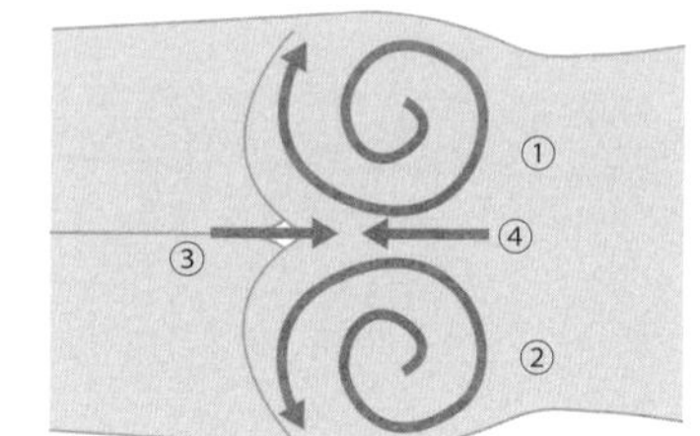

❹おむつの中心を背骨に当てる

中心からずれていると、尿漏れ、皮膚のずれ、おむつの圧迫感につながります。

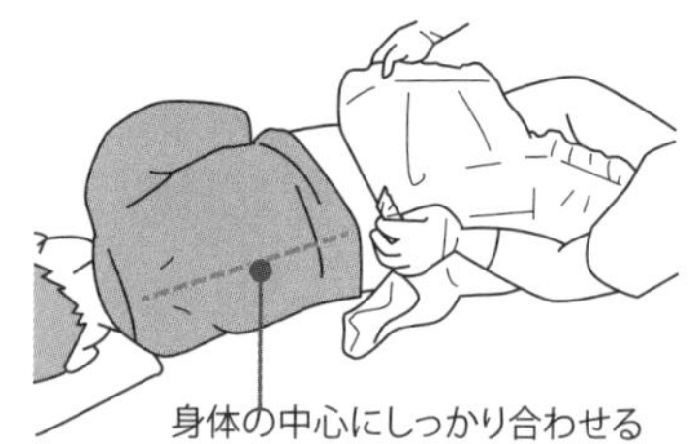

❺腰の中心から左右におむつを伸ばしていく

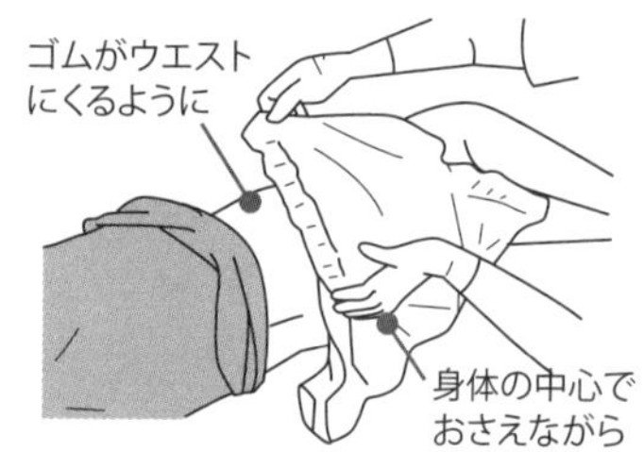

❻腰の下におむつを差し込む

無理に差し込むと皮膚を傷つけてしまいます。マットレスを押し下げて、皮膚に摩擦が加わらない程度に差し込みましょう。

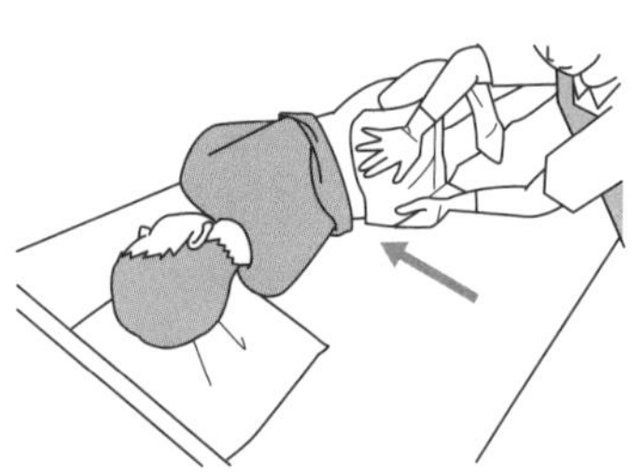

❼おむつを腰の下に差し込み広げる

勢いよく広げると皮膚が引っ張られて傷つけてしまいます。おむつを固定しつつ、もう一方の手で広げるようにしましょう。

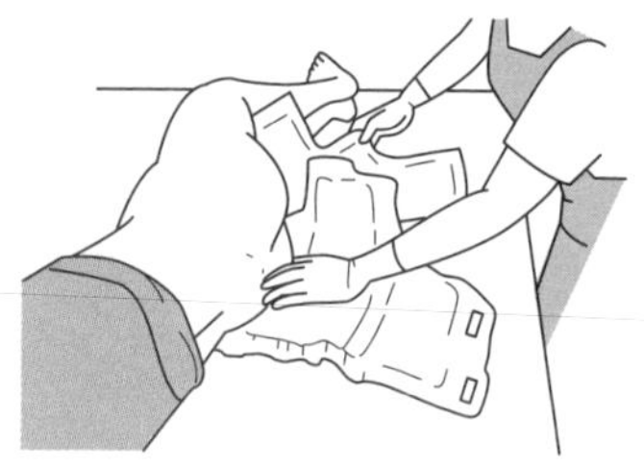

❽仰向けになる

❾奥側からおむつを引き出す

引き出す側のお尻を手前側に傾け、皮膚が引っ張られないようにお尻をおさえながら行います。

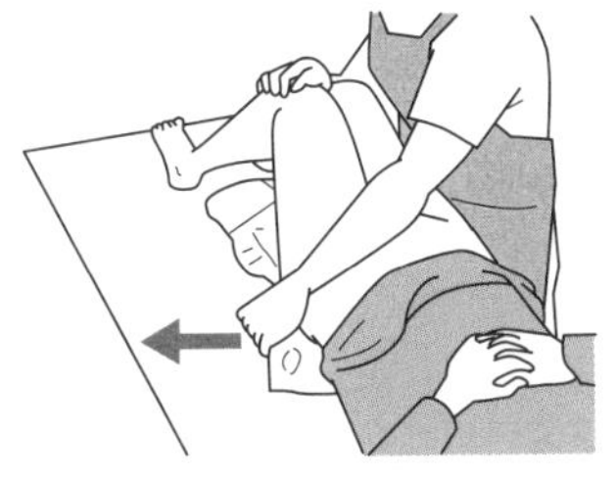

❿足の間からおむつを縦半分に折った状態で引き出して広げる（皮膚を引っ張らないよう注意）

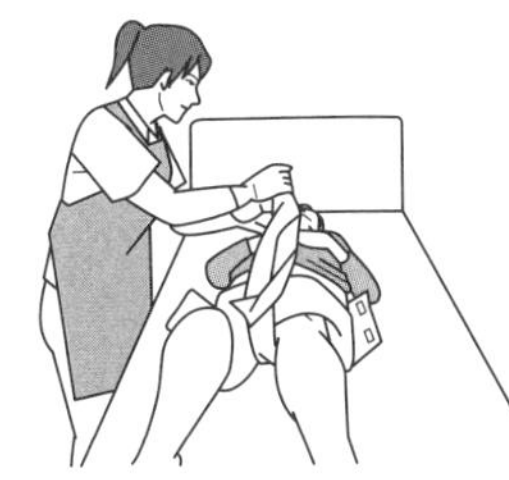

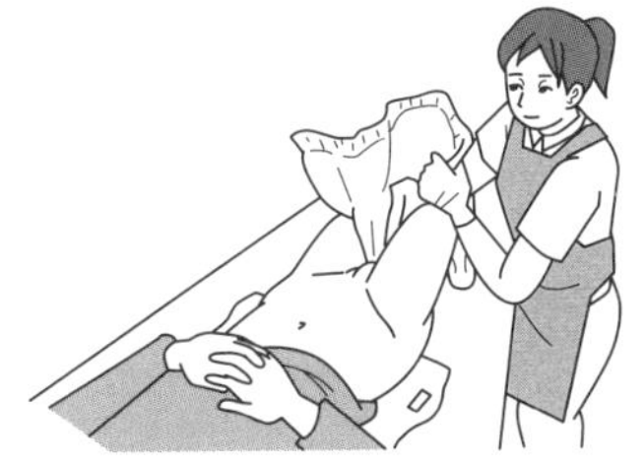

⓫そけい部に合わせて左右におむつを引いておく

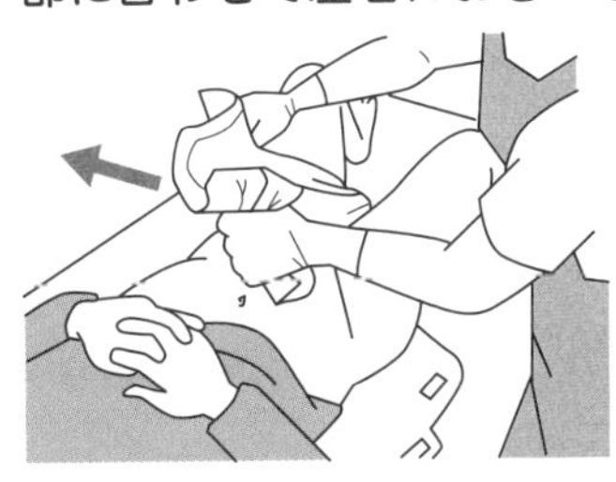

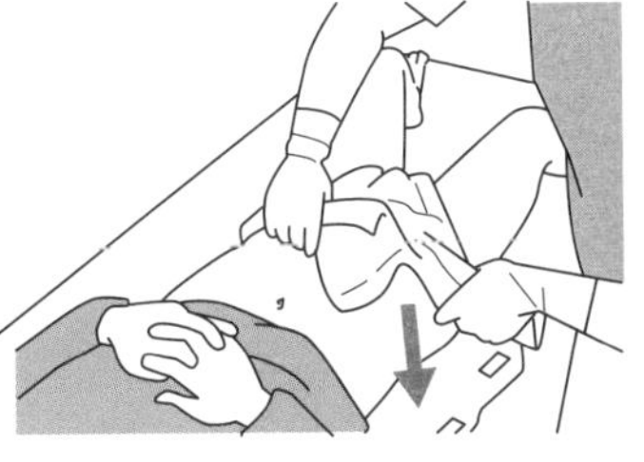

⓬おむつの中心を身体の中心線に合わせる

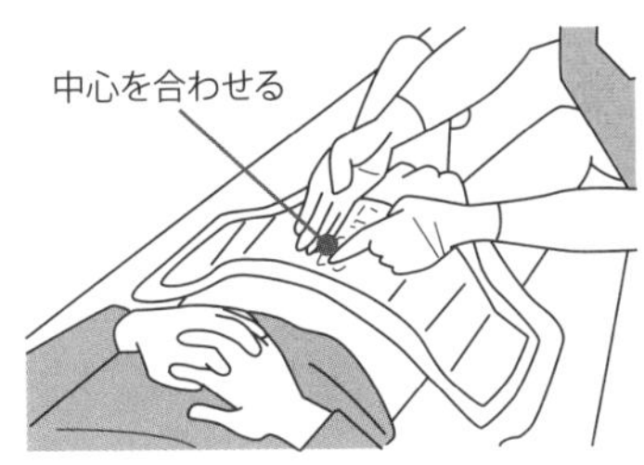

⑬おむつの前側を左右から腰の下に差し込む

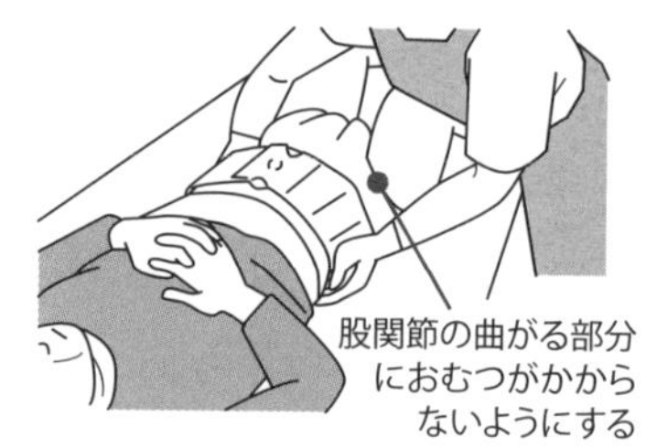

⑭骨盤に沿って下のテープを斜め上向きに貼る

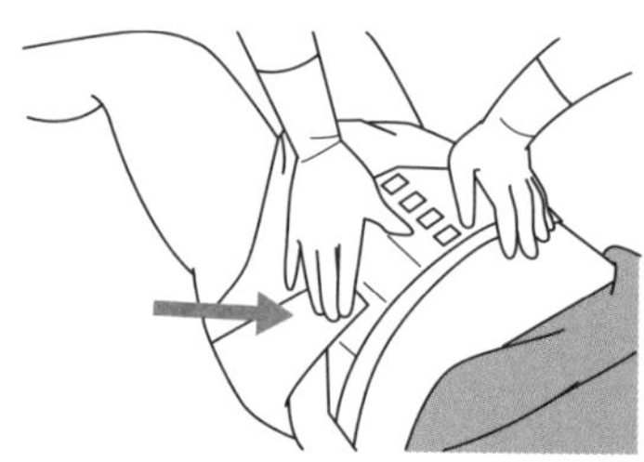

⑮おなかに食い込まないように上のテープは斜め下向きに貼る

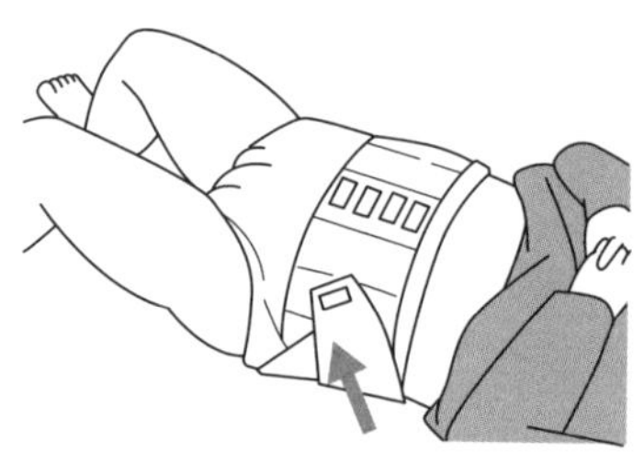

動作の「なぜ?」がわかる!　なぜ、完全側臥位にするの?

➡ **半側臥位より支持基底面が広がり、筋緊張も緩和されるためです。**

曲げた下肢の外側全体がマットレスに支えられるため、支持基底面が広がります。半側臥位で介助する場面が見られますが、姿勢が不安定で筋緊張を高めます。なるべく完全側臥位で介助しましょう。

動作の「なぜ?」がわかる!　なぜ、テープを斜め下向きに貼るの?

➡ **尿漏れを防ぐためです。**

上のテープから止めると、足を開いたときに隙間ができやすく、尿漏れしやすくなります。テープはおむつのしわを伸ばしつつ左右に広げて止めます。
上記⑬～⑮では、漏れを防ごうと引っ張ってテープを止める場面が見られますが、適切ではありません。おむつとお腹の間に指2本程度の隙間をつくるようにしましょう。

おむつ交換の後処理

おむつ交換をした後、以下の点を確認し、後処理をします。

☑シーツやパジャマが汚れていたら交換する
☑サイドレールを戻す
☑ベッドの高さを戻す
☑汚れたオムツ、パッドは新聞紙で包んで袋に入れ、袋の口をしばって廃棄
☑必ず石鹸（せっけん）で手を洗い、消毒をする
☑換気を行う

5-3 入浴

入浴は、転倒や溺水など最も事故のリスクが高い場面です。安全への配慮を徹底しながら、快適さも失わないよう支援しましょう。

入浴介助の前に知っておきたいこと

介護における入浴は、単に身体をきれいにすることだけを目的としたものではありません。お湯で身体を温めることによって、新陳代謝（しんちんたいしゃ）を活発にしたり、リラックス効果を高めたりするため、利用者の生活にメリハリがつきます。

しかし、浴室は転倒してけがをしたり、浴槽では溺水（できすい）したりするなど、常に事故が起きる可能性を秘めています。

ほかにも入浴場面での事故として、浴室内の転倒やお湯の温度を事前に確認しなかったことによるやけど、長く湯船につかりすぎたことによる脱水症状など利用者の命につながる危険もあります。高齢者の入浴事故は 12 月～2 月の寒い時期に発生しやすく、そのほとんどが浴槽内で起きています。利用者が安心して入浴できる環境を整えることで、心身ともにリラックスでき、心地よい時間を提供することができます。

このように、ふだん何気なく入浴している浴室ですが、利用者にとっては何がリスクになるのか、どの場面でリスクが高いのか、どの場面で介助が必要となるのか、利用者ごとに把握する必要があります。またこのときも不要に介助するのではなく、利用者自身ができることはないか考えながら支援しましょう。

浴室内の環境

①バスボード（入浴ボード）を置く

立ちながら浴槽をまたぐのが難しい場合、座りながらまたぐのを助けてくれます。

②浴槽台（浴槽内いす）を置く

浴槽内からの立ち上がりをサポートします。円背（えんぱい）のある利用者や筋力が低下している利用者は、足が浮いて姿勢が崩れやすくなります。すべり止めマットと併用するのが望ましいです。

③すべり止めマットを敷く

転倒を予防するために敷（し）きます。

④手すりを取りつける

洗い場から移動や浴槽への出入りを助けます。

⑤入浴グリップを取りつける

浴槽をまたぐときにつかまることで、姿勢を安定させることができます。浴槽中にもグリップがついていると、浴槽内の姿勢が安定しやすいためおすすめです

⑥引き戸にする

外開き戸の場合は後ずさりした結果、転びやすくなるので、引き戸が望ましいです。

⑦シャワーチェアを置く

やわらかく、冷たさを感じないクッションがあるといいでしょう。入浴前はすべらないようにしたり、座面が冷たくならないよう注意します。

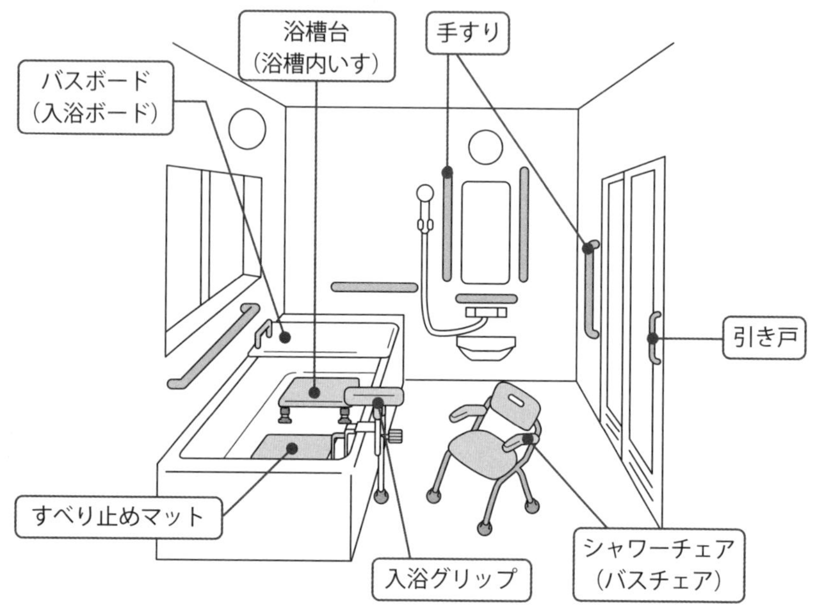

入浴前の利用者のおもな観察ポイント

入浴前には毎回、利用者の体調をよく観察したうえで、入浴できるかどうかを医療職とも相談しながら判断しましょう。

浴室は湿度や温度の変動によって、身体の状態が変わりやすい場所です。いつもは一人で歩行ができる利用者でも、浴室の環境に応じて移乗時に介助するなど、対応を調整する必要があります。

☑体温が高くないか（36度5分前後か）
☑脈拍や血圧は正常か
☑顔色は正常か（真っ白や真っ赤になっていないか）
☑皮膚に炎症や傷はないか
☑水分補給を済ませたか（コップ1杯が目安）
☑排泄は済ませたか
☑食事前後1時間ではないか

浴室までの歩行介助

高齢者の多くは、足裏の感覚や足元の揺れを安定させる筋肉が衰(おとろ)えています。また、入浴中は裸足(はだし)になるため、足裏の柔らかい組織が直に床に触れます。足元が濡れていると、ふんばりがききにくく、足元が不安定になります。

足元を安定するためには、①左右の幅は肩幅程度、②一歩はふだんの半歩程度で進む、の2点を意識するようにしましょう。介護職はふだんよりも利用者に近づくようにし、利用者の状態にも注意しながら介助しましょう。ふだん手のみの支持で歩行していれば、浴室では前腕～ひじにかけて介助する、といったように一段階レベルを上げて介助することをおすすめします。

▼足元を安定させるポイント

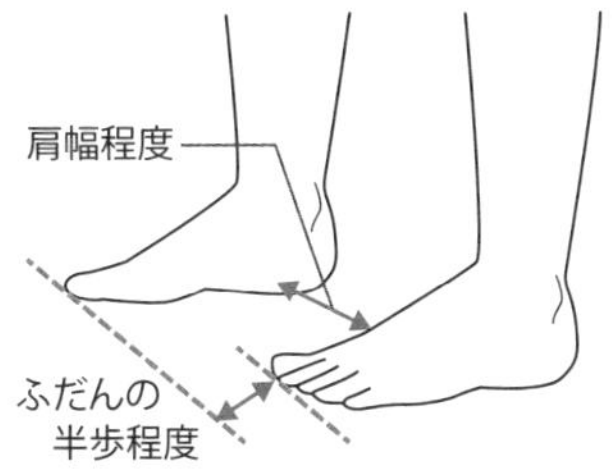

立ったまま浴槽に入る

❶足からお湯をかけ、温度を確認してもらう

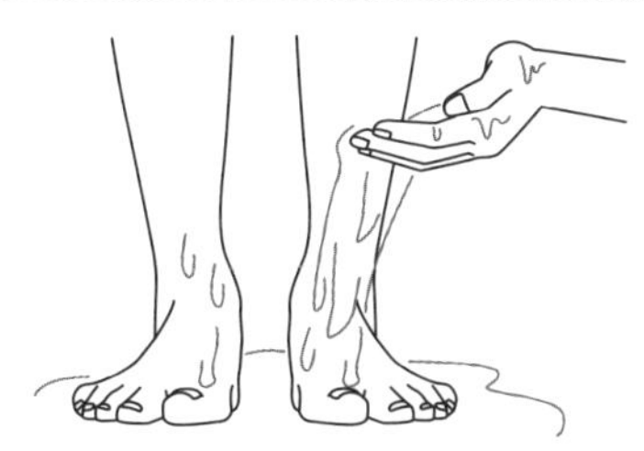

❷グリップや手すりを持ってもらう

介護職は後ろから骨盤辺りを支えます。皮膚に直に触れているので、触れ方に注意しましょう。

❸浴槽側（片麻痺の場合、非麻痺側）の足から縁をまたぐ

介護職も同じく、浴槽側の足から縁をまたぎます。またぎづらそうなときは、ひざや足首などが引っかかりやすい所と骨盤を支えます。

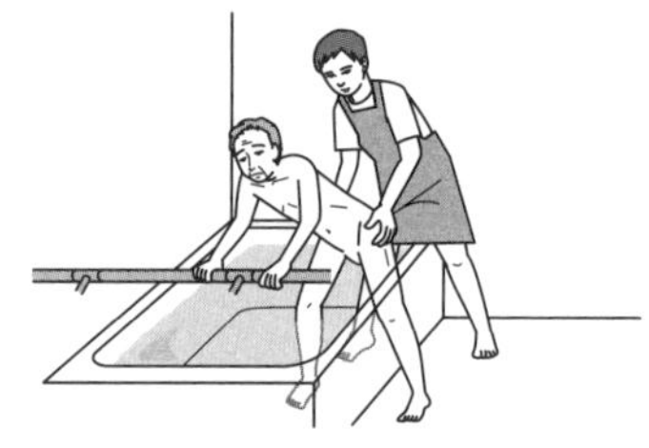

❹手すりを持ち替える

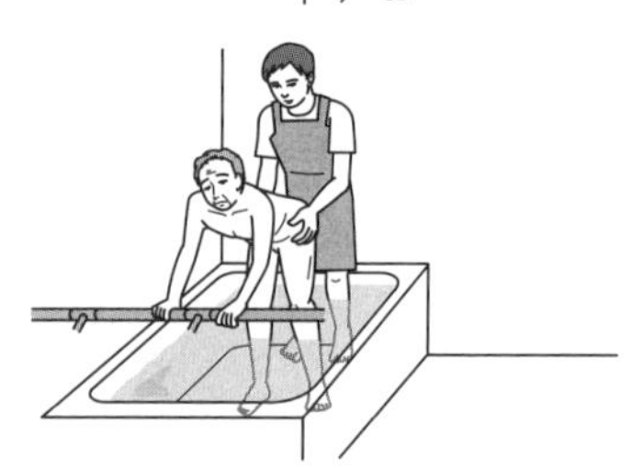

❺浴槽側と反対（麻痺側）の足を、弧を描くようにして縁をまたぐ

介護職も同じく、浴槽側と反対の足から縁をまたぎます。麻痺がある場合は、❸と同様に支えます。

動作の「なぜ?」がわかる!　なぜ、足からお湯をかけるの？

➡ **心臓に負担をかけないためです。**

心臓から離れた末梢（まっしょう）よりお湯をかけて血管を徐々に広げていきます。片麻痺のある利用者では、非麻痺側の足からお湯をかけるようにしましょう。

動作の「なぜ?」がわかる!　またぐときは、必ず足を後ろに上げないといけないの？

➡ **前に足を上げて縁をまたぐ方法もあります。**

壁に縦手すりがある場合は足を上げてまたぐ方法（前方またぎ）があります。前方またぎでは後方、後方またぎでは前方への転倒リスクが高まるので注意しましょう。

座位のまま浴槽に入る

❶足からお湯をかけ、温度を確認してもらう

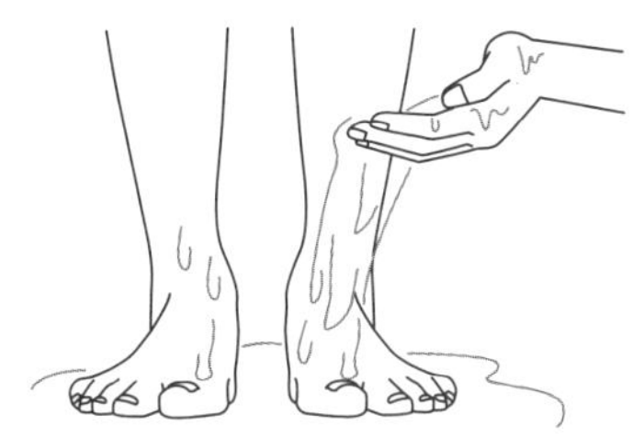

❷浴槽側に座り直す

移動距離を短くし、転倒・転落を防ぐため浴槽になるべく近づきます。

❸浴槽側（非麻痺側）の足から縁をまたぐ

後ろに倒れないよう、介護職は背中を支えます。

❹浴槽側と反対の足を、弧を描くようにして縁をまたぐ

お尻を軸に浴槽側に向きを変えます。麻痺により足が引っかかりそうな場合はひざ～足首を広く支えて介助します。

❺バスチェアの端まで座り直す（前に出る）

前かがみになり、数回に分けて座り直します。

❻手すりを持ってもらう

介護職も縁をまたぎます。

❼腰を上げ、着座してもらう

骨盤を支えながらと前傾およびひざ屈曲を促しゆっくりと座ります。

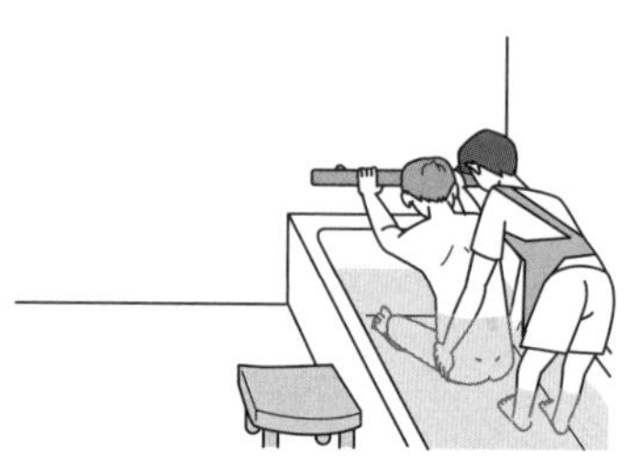

浴室内での基本姿勢

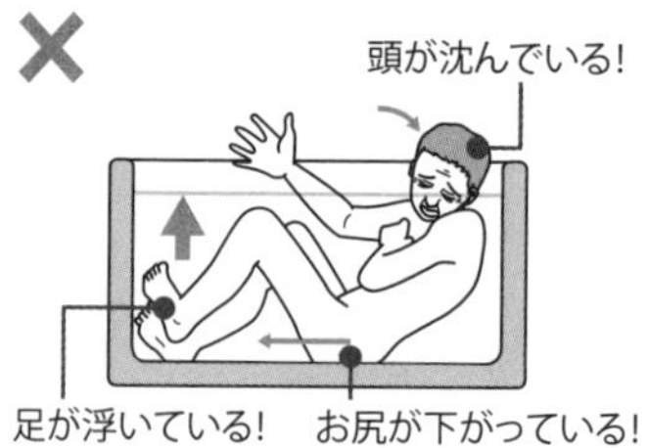

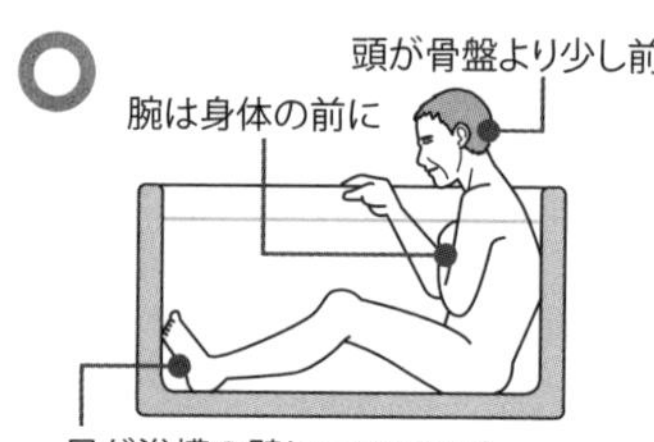

足が届かないとき

浴槽内のいすを足元に設置することで、足が全面に付き、姿勢が安定しやすくなります。

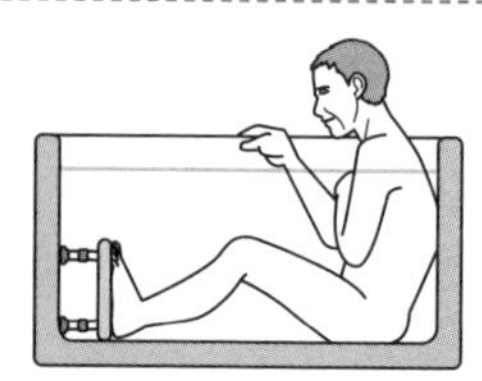

浴槽が深いとき

浴槽が深いときは、いすに座り姿勢を安定させます。

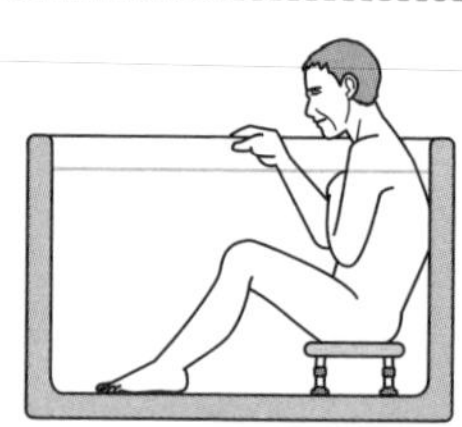

Column 入浴はプライバシー空間だから浴室から出る?!

浴槽に入り一息ついている利用者を見て、良かれと思って、浴室から出て行ってしまう介護職がいます。しかし入浴、とくに浴槽は事故が起こりやすい場面です。

浴槽に入ると、浮力がはたらき、体重が10分の1になり、下肢筋力の低下によりバランスをくずしやすくなります。バランスをくずしていないか、お尻が頭部のラインより前になっていないか、溺水の可能性に十分に注意し、必ず目を離さないようにしましょう。

座位のまま浴槽から出る

❶お風呂の縁もしくは手すりを持ってもらう

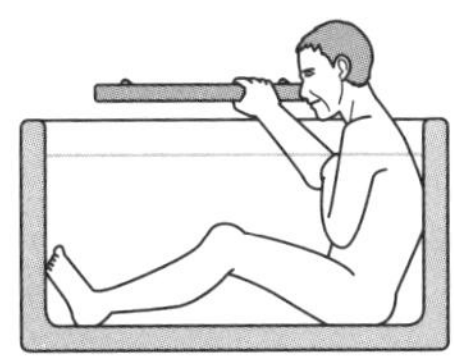

❷（片麻痺の場合、非麻痺側の）足をお尻に近づけてもらう

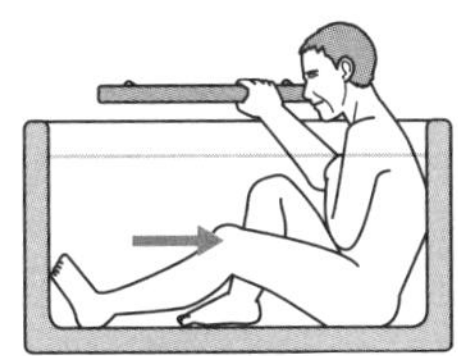

❸前かがみしながらお尻を浮かす

骨盤を支え、真上に持ち上げるのではなく、前上方に支えて上げていきます。

❹バスチェアの端にお尻を乗せる

❺洗い場側（麻痺側）の足から縁をまたぐ

右手で骨盤を支えつつ、左手でひざ裏〜足首を広く支えてまたぎます。

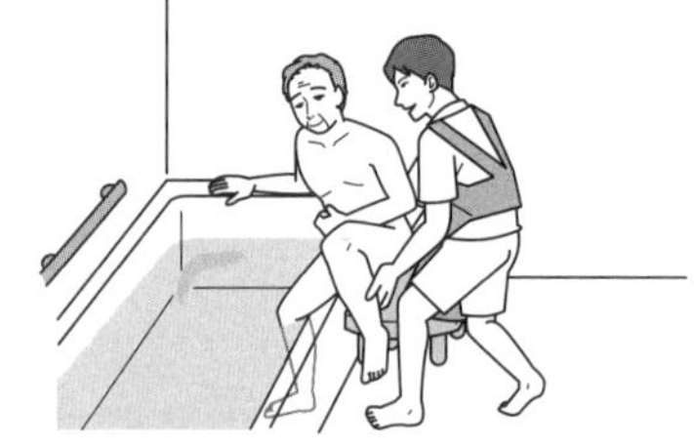

❻洗い場側と反対（非麻痺側）の足を、弧を描くようにして縁をまたぐ

なるべく自分で上げてもらいますが、難しい場合は同じようにひざ裏〜足首を広く支えてまたぎます。

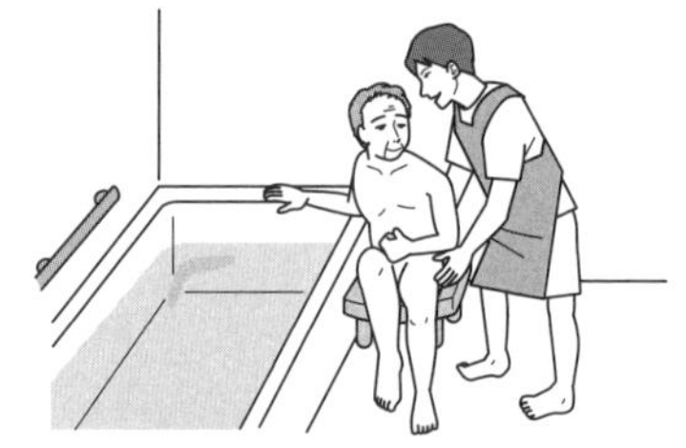

❼脱水もしくは起立性低血圧の症状がないか顔色を見る

ぼんやりしていないか、吐き気などがないか、確認します。

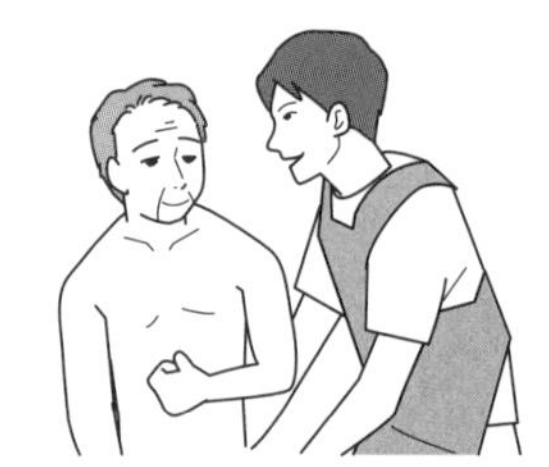

浴槽内台に座った状態から出る

❶足をなるべく手前に引いてもらう

足を引くことで重心が支持基底面に入りやすくなり、立ち上がりやすくなります。

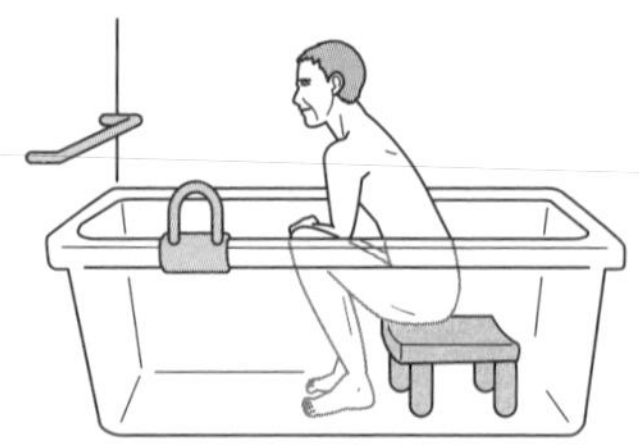

❷利用者の骨盤とひざを支える

❸手すりを持ち、前かがみ姿勢になってもらう

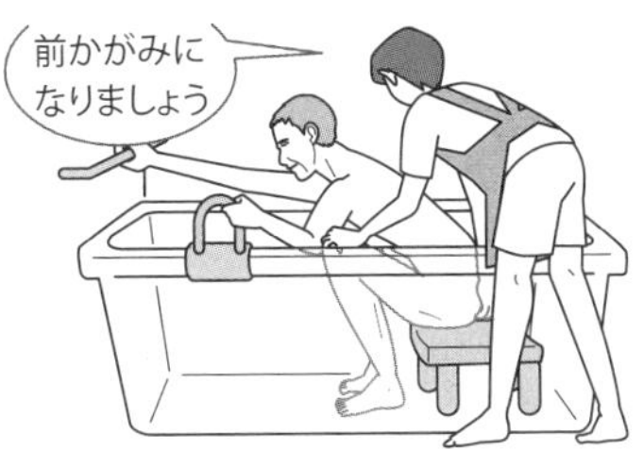

❹深く前傾してもらい、骨盤を起こすようにする

みぞおちが足の真上にくるように前かがみし、お尻を浮かせます。

❺p.166❹～同様の手順

浴室での洗髪介助

❶頭皮の状態を確認する

湿疹（しっしん）（かぶれ）や発赤（ほっせき）、乾燥、傷がないか確認します。状態が悪い場合、お湯で洗う程度にし、医療職に相談します。

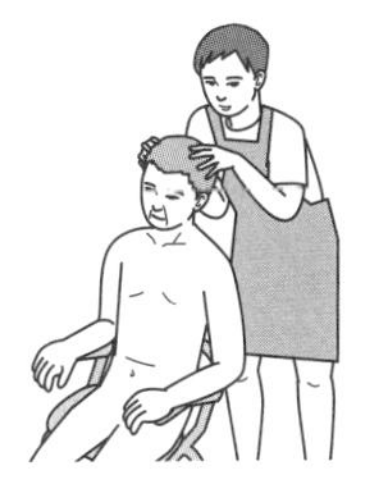

❷お湯の温度を確認する

利用者にも手先にお湯をかけながら、温度を確認してもらいます。

❸前かがみになり、目を閉じてもらう

❹声かけをしながら頭を濡らす

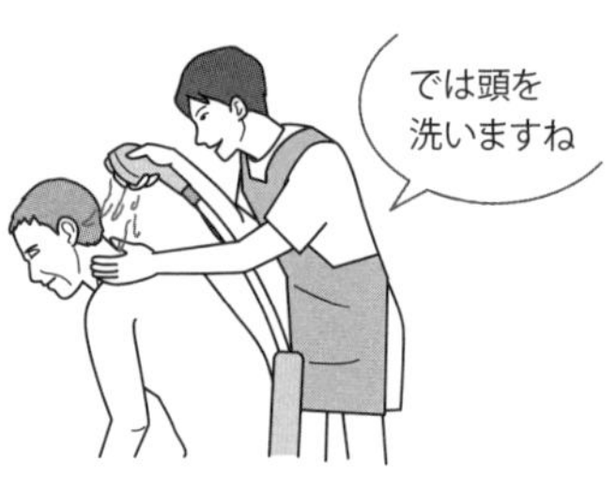

❺シャンプーを泡立て頭髪につける

❻えり足から前頭部にかけて頭皮を指の腹で洗う

片手は洗う側の反対側を支え、もう片方の手で洗うようにしましょう。

❼えり足から前頭部にかけて泡を流す

泡が残りやすい頭皮から流します。

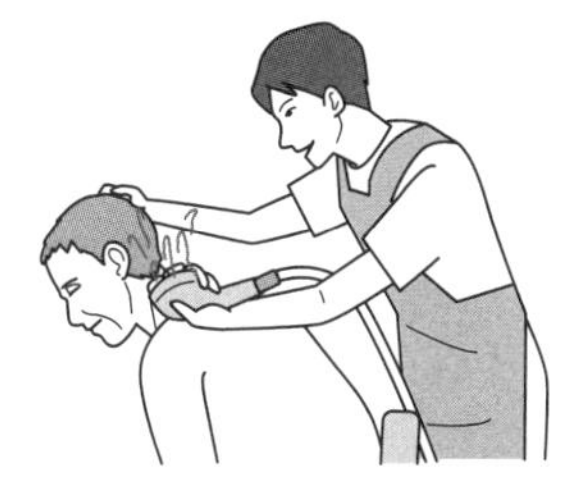

❽顔と頭髪を水滴が落ちない程度に拭く

ごしごし拭くのではなく、やさしくすべらすように拭き取ります。自分でできるのであれば、本人にタオルを渡します。

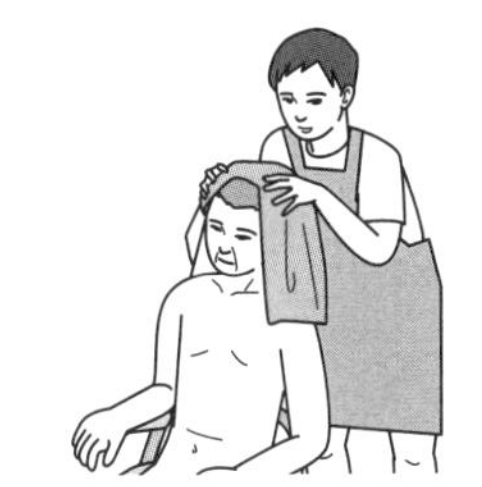

動作の「なぜ?」がわかる! **なぜ、えり足から前頭部にかけて洗うの？**

➡ **皮膚が厚い、刺激の少ない箇所から洗い、血行を良くするためです。**

「えり足→後頭部→側頭部→頭頂部→前頭部」の順に、汚れがたまりやすい部分から始めて、額(ひたい)に向かって洗うようにしましょう。

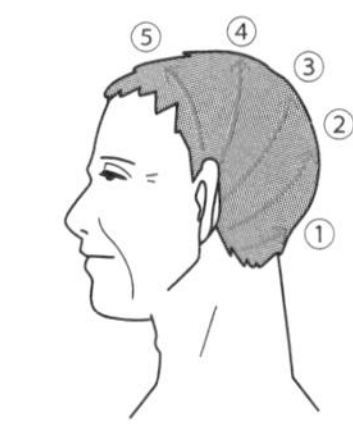

動作の「なぜ?」がわかる! **なぜ、指の腹で洗うの？**

➡ **爪を立てると、頭皮を傷つけてしまうためです。**

頭皮を強くこすると傷ができて炎症が起きやすく、かゆみやフケ、ベタつきの原因になります。

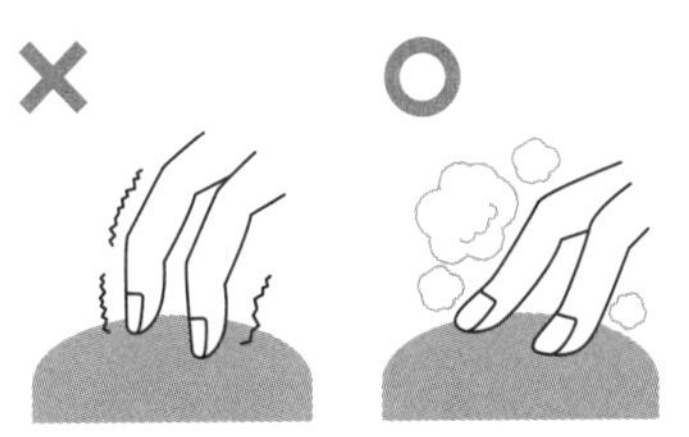

機械浴槽(特殊浴槽)を使った入浴方法

機械浴とは、全介助を要する、身体が不自由な利用者の入浴をサポートする際に使う機械を用いた入浴方法です。正しく用いることで、一般浴と比較すると、より安全に入浴しやすいという特長があります。施設によっては特殊浴槽（特浴）と呼ぶ場合もあります。

機械浴はストレッチャー浴とチェア浴の２種類があります。

ストレッチャー浴とは、寝た状態のまま入れる浴槽のことです。対して、チェア浴は座った状態のまま入浴できる浴槽のことです。

▼ストレッチャー浴　▼チェア浴

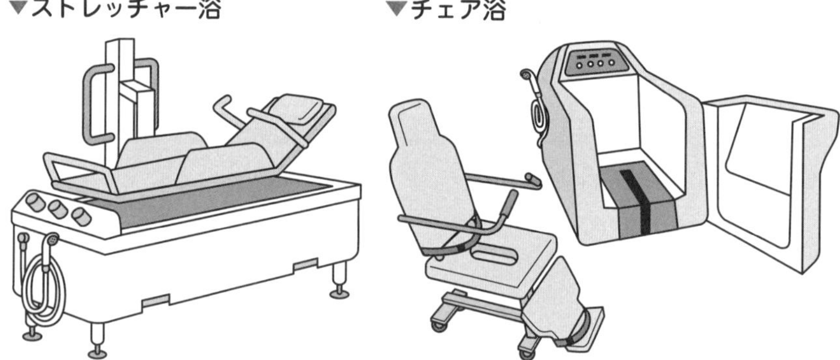

▼機械浴を導入するうえで確認すること

- 説明書を読んで、業者から十分に説明を受けて適切な使い方を理解し、周知する
- 装置の不具合や故障がないか点検する
- 一つひとつの動作を行う前に利用者に声かけをする
- 利用者の身体の位置と固定ベルトの位置を確認する
- ストレッチャーは利用者の状態に応じて操作する
- 手すり（サイドフレーム）を上げてロックする
- 自身や周囲の様子がわかるように10度程度ギャッジアップする
- 入浴用のポジショニングクッションを活用する

ストレッチャー浴やリフト浴などの機械浴は主に、自力もしくは一部介助での入浴が困難な人が使います。

しかし、これらは家庭の浴槽とは違い、利用者にとってはなじみのない入浴方法です。

機械を動かすときの金属音や移動時の振動などが、利用者にとって不快に感じられるかもしれません。その利用者に本当に使用していいのか、ただ身体を清潔にするという目的だけではなく、快適な入浴時間を過ごすことができるのか、といった身体機能以外での十分なアセスメントが必要です。

また、自立度が低い利用者が使うため、介護職は顔色をはじめ、全身の状態を常に確認しながら、何か浴室内で変化が起きたり、様子が変わったらすぐに対応できるよう、リスクを常に先回りして予測しなければなりません。

しかし、いくら介護職が気をつけていても、利用者が脱水症状などにより意識を失ってしまったり、機械が動かなくなったりするなど、緊急事態が起きてしまうことも考えられます。こうした事態が起きたとき、介護職はとっさにどう動くべきか、日頃からシミュレーションすることが大切です。医療職やほかの介護職とも急変時における適切な対応方法を共有し、いつ起きても対処できるよう準備しておきましょう。

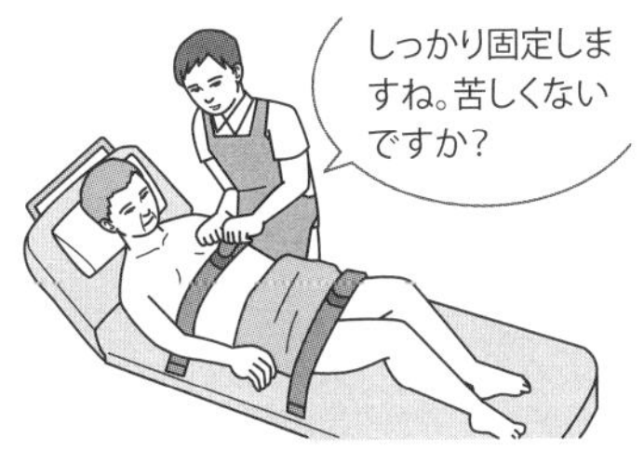

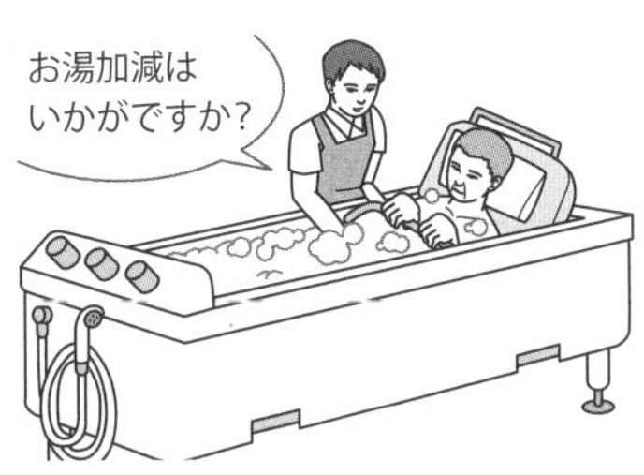

ベッド上での洗髪介助

❶側臥位にする

❷上半身の下にビニールシートを敷き、その上にバスタオルを敷く

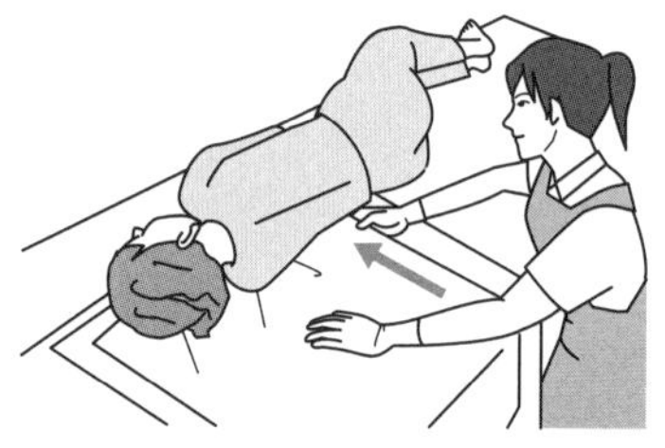

❸仰向けにする

❹ベッド上で利用者の身体を斜めにする

「頭→肩→胸」の3段階で上半身をベッドの端に寄せます。上半身と下半身がねじれがないか確認し、ねじれがあれば、まっすぐに整えます。

❺えり元にフェイスタオルを巻く

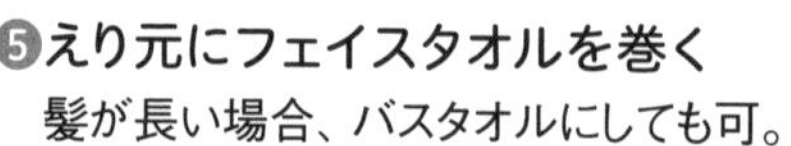

髪が長い場合、バスタオルにしても可。

❻ケリーパッド（洗髪用パッド）を使い、枕やタオルで斜面をつくる

バスタオルをCの形(馬蹄形)にし、大きめのビニール袋に入れたお手製のパッドを使ってもよいです（後述）。

❼パッドの先にバケツを下に置く

❽頭皮の状態を確認する

湿疹（かぶれ）や発赤、乾燥、傷がないか確認します。状態が悪い場合、お湯で洗う程度にし、医療職に相談します。

❾お湯の温度を確認する

ぬるま湯に設定します。その際、利用者にも温度を確認してもらいましょう。

❿声かけをしながら頭を濡らす

⑪シャンプーを十分に泡立て頭髪につける

⑫えり足から前頭部にかけて頭皮を指の腹で洗う

頭をやさしく最小限の高さで持ち上げつつ、片手は洗う側の反対側を支え、もう片方の手で洗うようにしましょう。

⑬えり足から前頭部にかけて泡を流す

泡が残りやすい頭皮から流します。このときも指の腹で丁寧に洗い流します。

⑭ドライヤーで乾かす

タオルで少し拭き取り、ドライヤーで乾かします。30cm以上離し、熱風の熱さを確認しながら当てます。

Column

お手製ケリーパッドの作り方

ケリーパッドとは、ベッド周に水滴が飛び散らないようにするために必要な介護用品のことです。施設にケリーパッドがなければ、即席で作ることもできます。バスタオルを「C」の形（馬蹄形）にしてビニール袋で巻き、テープなどで固定すると、即席ケリーパッドができます。

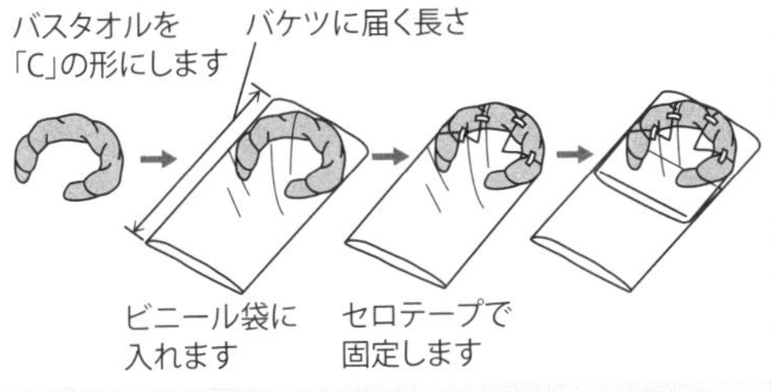

5-4 着替え

麻痺や拘縮のある利用者など状態に合わせた介助が求められます。また、利用者のプライベートな領域に介入する場面でもあるので配慮が必要です。

スムーズに着替え介助を行うために

もし一日中、利用者が居室にいたとしても、「着替えること」はとても大切です。新しい衣服に着替えることは、利用者にとってリフレッシュできるいい機会になります。清潔を保つことだけでなく、生活のリズムをつくるなどさまざまな効果があります。

ただし着替え介助では、下衣を脱ぐなどプライバシーに気をつけなければならない場面が多いです。とくにスムーズに着替え介助を行うためには、以下の４点に配慮しましょう。

☑介助中はカーテンを閉める
☑局部などにタオルをかける
☑脱健着患（脱ぐときは健側から／着るときは患側からの意）
☑しわをつくらない

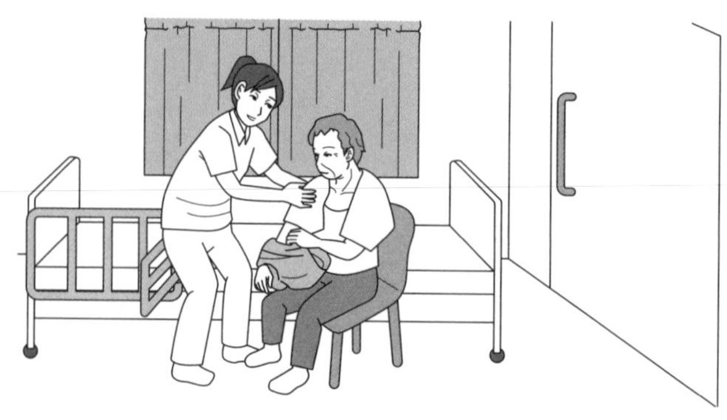

脱ぎ着しやすい服装

着替えるタイミングは、基本的には毎日朝と夕方、または食事や失禁などで汚れたごとに替えるようにします。１日の始まりと終わりといった生活リズムを整えたりメリハリをつけるためにも更衣（こうい）は大切です。一日中室内にいたとしても、着替えを促すことは効果的なのです。

上衣

☑基本前開きの衣服（前かぶりの衣服は避ける）
☑伸縮（しんしゅく）性のある肌当たりのいい柔らかい素材
☑通気性があり夏は放熱性、冬は保温性に富んだ素材
☑軽い素材
☑上着は大きいボタンまたは上げ下げしやすいファスナー

下衣

☑上衣と同じゴムで伸縮性のある素材
☑ウェストもゴムで伸縮性のある形（ボタンやチャックはないほうがいい）
☑裾（すそ）も締め付けない程度で伸縮性がある

靴下

☑伸縮性があり圧迫しすぎない（跡が残ったり血色が悪くならない）もの

靴

靴を選ぶときのポイントは次ページの通りです。

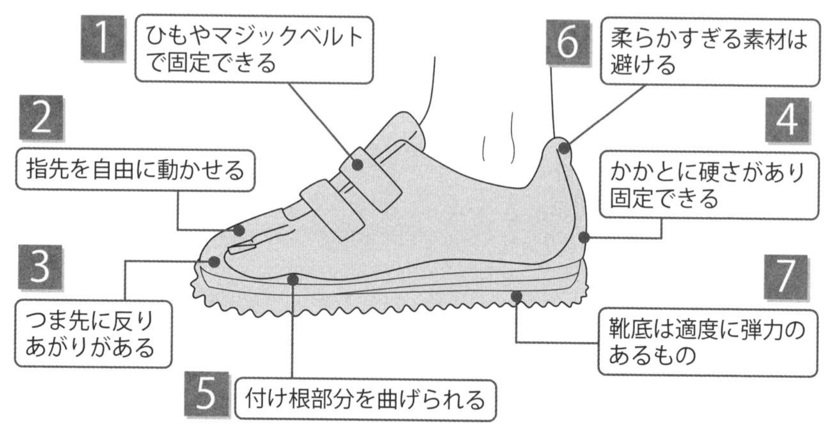

前開き上衣やシャツを着る

※「麻痺側」を「患側」、「非麻痺側」を「健側」と置き換えてもよい。

❶袖(そで)をたぐり寄せておく

長袖であれば、袖を通す距離を短くするため、先にたぐっておきます。

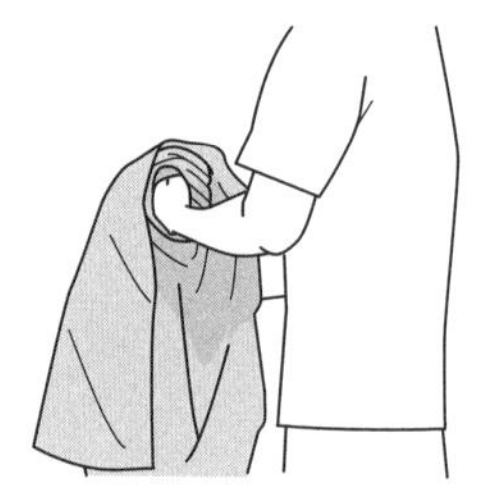

❷袖の外側から介護職が手を通し麻痺側の手に手を添える

自分でできる場合は「袖を通していただけますか?」と声をかけましょう。

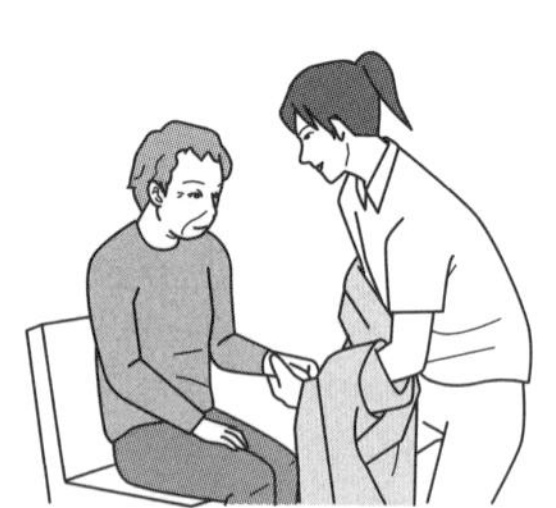

❸麻痺側のひじ〜上腕あたりまで袖に通す

「こちらの腕を通していきますね」と声をかけましょう。

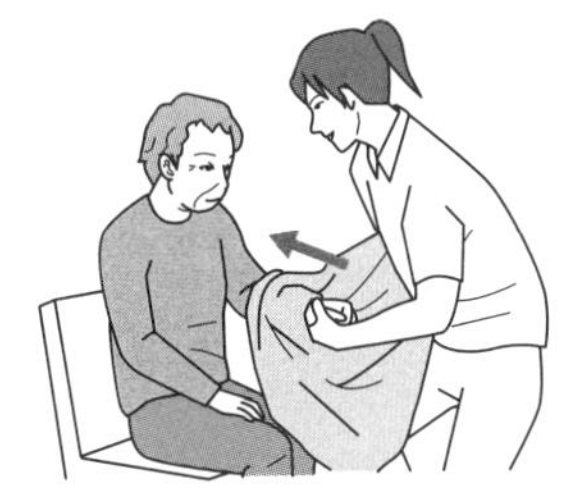

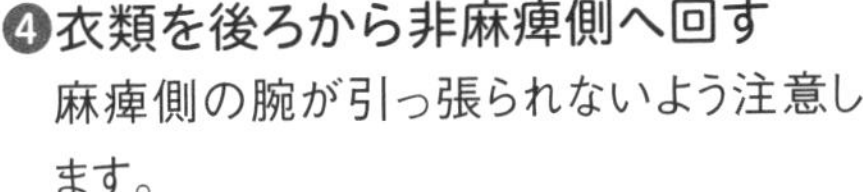

❹衣類を後ろから非麻痺側へ回す

麻痺側の腕が引っ張られないよう注意します。

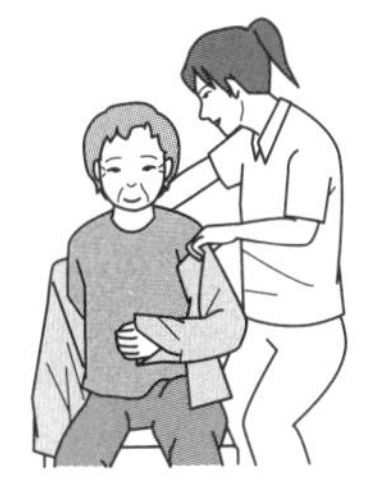

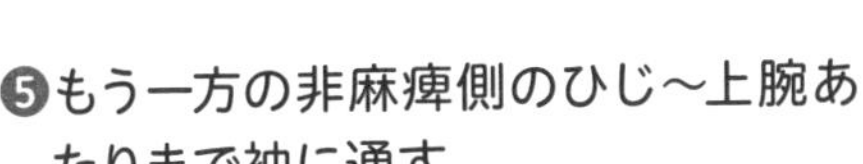

❺もう一方の非麻痺側のひじ〜上腕あたりまで袖に通す

自分でできる場合は「こちらの腕も通しましょう」と声かけをしましょう。

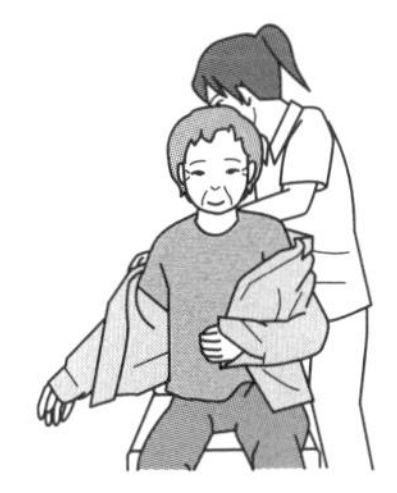

❻衣類のえり側を両肩まで持ってくる

「肩まで通していきますね」と声かけをしましょう。

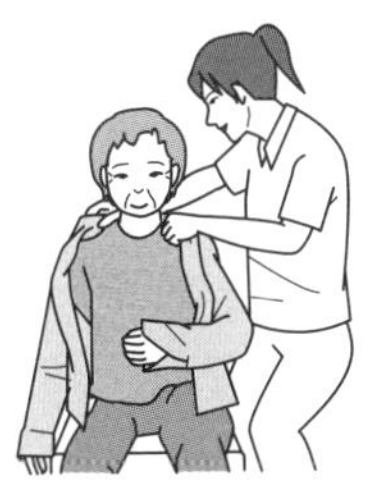

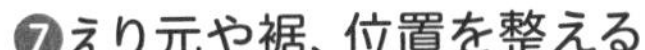

❼えり元や裾、位置を整える

❽ボタンを閉める

自分でできる場合は「ご自分で閉められますか?」と声かけをしましょう。

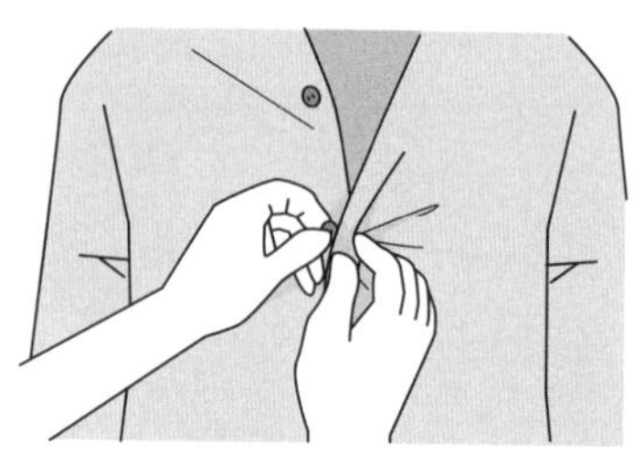

❾衣類がよれていたり、しわがないか確認する

動作の「なぜ?」がわかる!　なぜ、先に袖をまくっておくの？

➡ 「迎え袖」にすることで、指先が引っかかるのを防ぐためです。

麻痺側の腕部分がねじれた状態になる場面があります。ねじれを少なくするため、麻痺側と同じ側の手で袖をまくっておき、こちらから手を迎えるようにします。また、麻痺側は感覚が鈍く、服が引っかかっていることに気づかないこともあるため、注意して介助しましょう。

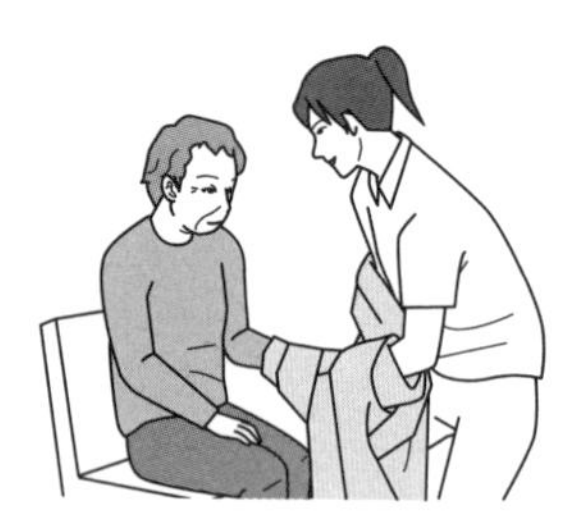

動作の「なぜ?」がわかる!　なぜ、「脱健着患」が原則なの？

➡ 麻痺のある側に負担をかけることなく、衣類を着脱できるからです。

「脱健着患」とは、「脱ぐときは健側（非麻痺側）から、着るときは患側（麻痺側）から」という意味です。自由に動かせる健側の手足を活用し、自分で脱ぎ着できるよう支援します。

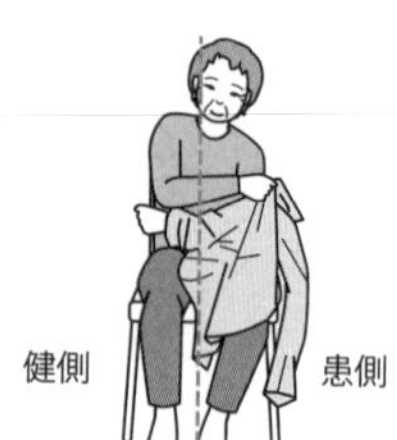

動作の「なぜ?」がわかる!　**なぜ、袖に通すとき「ひじ～上腕あたりまで」なの？**

➡ 肩まで一気に袖を通すと、肩を傷める危険があるからです。

麻痺側の肩まで一気に袖を通してしまうと、非麻痺側を袖に通していく際に麻痺側上肢がシャツによって後ろに引っ張られたり、非麻痺側の可動域を大きく必要とするため、肩を傷める可能性があります。いったん、ひじ～腕までを通し、徐々に肩まで袖を通すようにしましょう。

前開き上衣やシャツを脱ぐ

❶チャックやボタンを外す

自分できる場合は「ご自分で開けられますか?」と促しましょう。

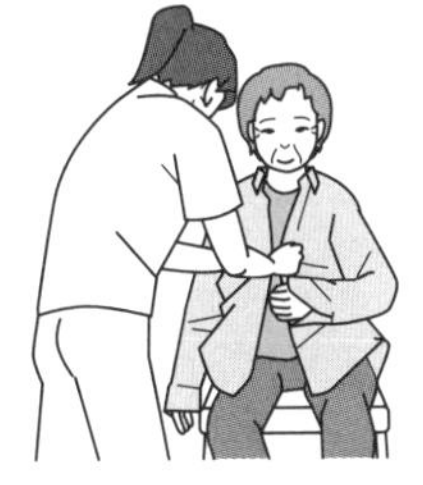

❷衣類のえり側を両肩部分から外す

肩を痛めないようにするため、いったん上腕まで下ろします。

❸非麻痺側のひじから順に上肢を袖から抜いていく

麻痺側上肢が引っ張られない程度に、衣類を非麻痺側へ寄せます。

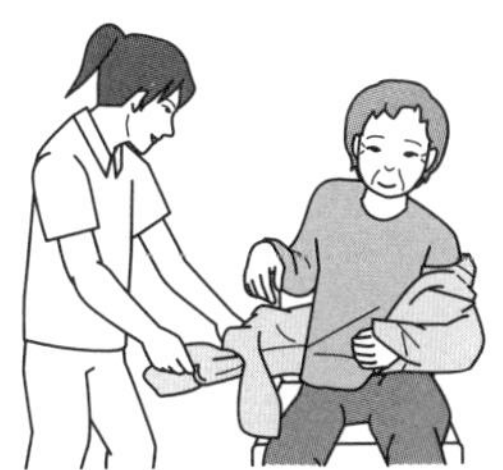

❹麻痺側上肢を袖から抜いていく

麻痺側のひじを下から支えます。脇は抵抗のない範囲で開いてもらいます。

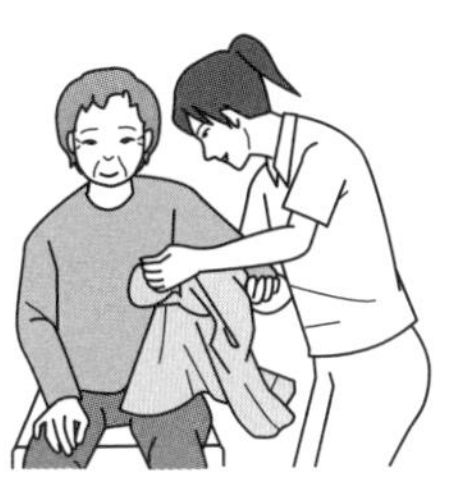

立ったままズボンを履く

❶すそをたぐり寄せておく

長ズボンであれば、足を通す距離を短くするため、先にすそをたぐっておきます。

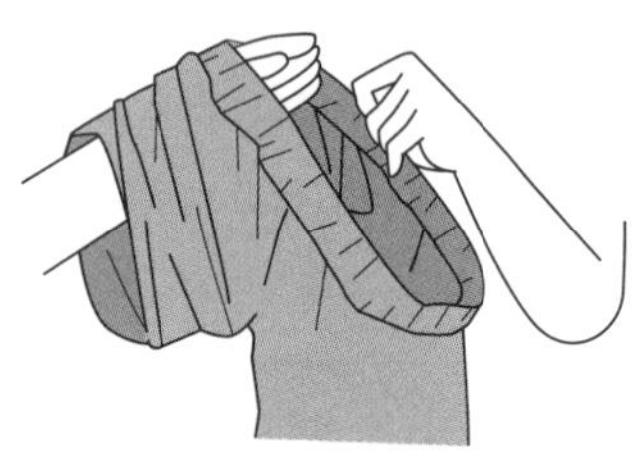

❷麻痺側の足を持ちあげ、介護職の太ももの上に乗せる

持ち上げる際は、ふくらはぎに前腕を当て、かかとは手で支えるようにしましょう（❸参照）。

❸ズボンのすそから手を通し利用者の足に手を添える

❹ズボンをひざの上まで通す

ひざの上まで通すようにしましょう。

❺麻痺側下肢を下ろす

❻非麻痺側の足を上げてもらう

足首まで通すようにしましょう。

❼ズボンをひざの上まで通す

❽ズボンのウエスト部分をなるべく太ももまで上げていく

立ったときにズボンがずり落ちないよう注意します。

❾L字柵などにつかまって立ってもらう

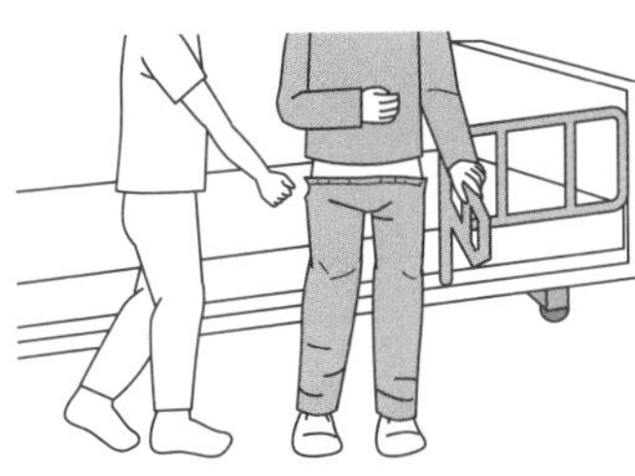

❿ズボンを広げながら引っかからないように腰まで上げていく

まっすぐ上げるのではなく、お尻の曲線に合わせてズボンを広げながら介助しましょう。

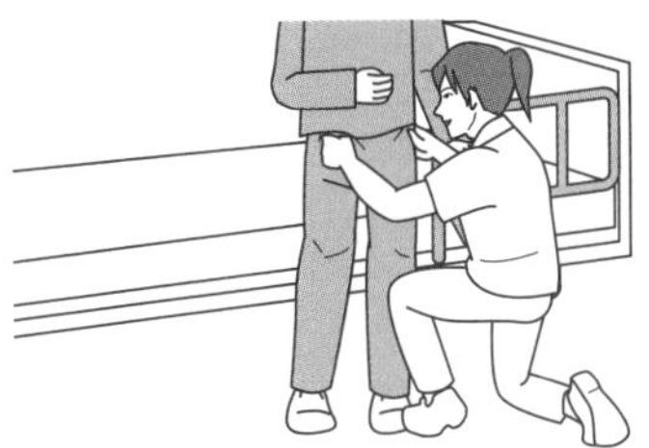

⑪ねじれやずれ、たるみ、ズボンの左右に差がないよう整える

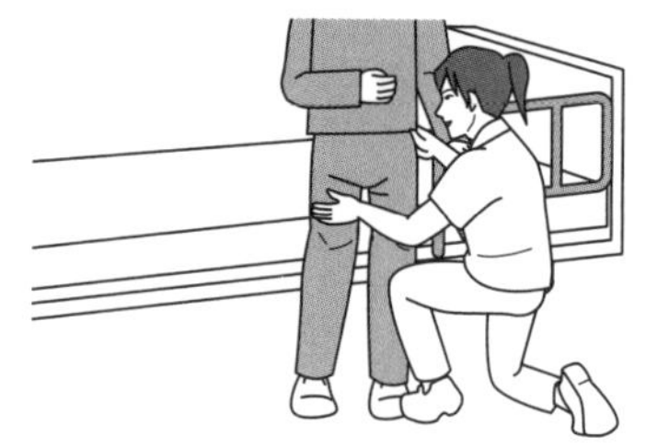

動作の「なぜ?」がわかる! なぜ、座位→立位にするの？

➡ **利用者の自立支援を促すためです。**

座ったままでもズボンを履く介助はできます（→次項目参照）が、安定して立位がとれる利用者には一度立ってもらったうえで介助を行うとズボンの履く位置にずれも生じにくくなり、リハビリにも効果的です。

動作の「なぜ?」がわかる! なぜ、着脱介助後にねじれやずれを確認するの？

➡ **着心地が悪く、拘縮や褥瘡の原因にもなり得るからです。**

ねじれやずれなどがあると着心地が悪く、筋緊張を高め、拘縮を悪化させる危険性があります。またそれらによって隙間が生まれ褥瘡の原因にもなります。

座ったままズボンを履く

❶～❽ p.182～183❶～❽まで同様の手順

❾非麻痺側の脇に手を通し上半身を支えながら非麻痺側へ身体を倒し、麻痺側のお尻を浮かせる

⑩ズボンのウエスト部分をお尻まで通す

⑪麻痺側の脇に手を通し上半身を支えながら身体を倒し、お尻を浮かせる

非麻痺側へ身体を倒すときより不安定になりやすいため、転倒・転落に注意します。

⑫ズボンのウエスト部分をお尻まで通す

⑬また上半身を支えながらお尻を浮かせ、ズボンを麻痺側の腰まで上げていく

⑭また上半身を支えながらお尻を浮かせ、ズボンを非麻痺側の腰まで上げていく

動作の「なぜ?」がわかる! なぜ、身体を抱えて一気に履かせてはいけないの?

➡ 早くできるからと、本人の「できること」を奪っているからです。

よく身体全体を抱え一気に履かせる場面が見られますが、効率はよくとも、本人の意向を無視しているうえに本人の残存機能を活かせていません。また力任せの介護になっているため、介護職側の身体の負担も大きいです。

立ったままズボンを脱ぐ

❶L字柵につかまりながら立ってもらう

難しければ、適宜立ち上がり介助をしましょう。

❷麻痺側に立ち、立位を支える

転倒を防ぐために必ず麻痺側（患側）に立ちます。立ち上がるときにひざを支えれば、ひざ折れ防止にもなります。

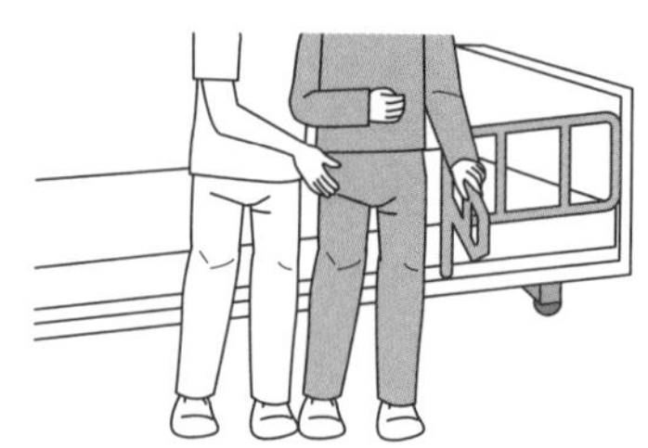

❸非麻痺側のズボンをお尻付近まで下ろしてもらう

自分でできるよう「片方のズボンを下ろしてください」と声かけをしましょう。

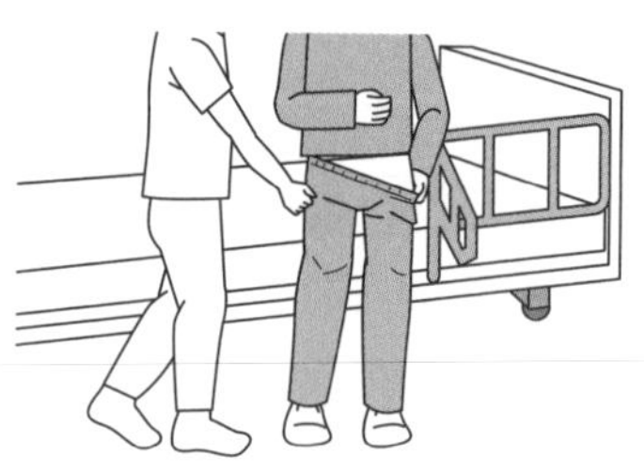

❹麻痺側のズボンをお尻付近まで下ろす
立位が不安定な場合は、L字柵につかまってもらいます。

❺着座し、足首付近までズボンを下ろす
利用者の足を介護職のももに乗せることで、利用者の身体が安定しやすく筋緊張を抑えることができます。

❻非麻痺側の足を上げてもらい、ズボンを足から引き抜く
麻痺側に倒れないか、手元だけでなく、利用者の上半身にも目を配りましょう。

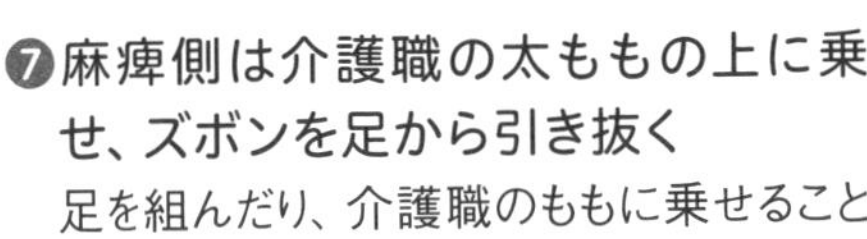

❼麻痺側は介護職の太ももの上に乗せ、ズボンを足から引き抜く
足を組んだり、介護職のももに乗せることで、筋緊張を抑えることができます。

座ったままズボンを脱ぐ

❶ベルトなどがあれば外す

❷非麻痺側の脇から手を通し支えながら麻痺側のお尻を浮かせる

❸ズボンをお尻あたりまで下ろす

❹麻痺側の脇から手を通し支えながら非麻痺側のお尻を浮かしもらう

「お尻を浮かせますか?」と声かけをしましょう。

❺ズボンをお尻まで下ろす

❻ズボンをひざ裏まで下ろす

❼もう片方の足のひざ裏まで下ろす

非麻痺側の足を利用者に上げてもらい、ズボンをひざ裏付近まで下ろします。引っ張ったり、勢いよく下ろすと身体のバランスが不安定になるため、ゆっくりと身体のラインに沿って下ろすようにします。

❽ズボンを足首付近まで下ろす

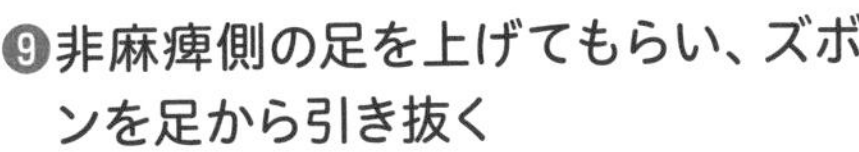

❾非麻痺側の足を上げてもらい、ズボンを足から引き抜く

麻痺側に倒れないか、手元だけでなく、利用者の上半身にも目を配りましょう。

❿麻痺側は介助者の太ももの上に乗せ、ズボンを足から引き抜く

足を組んだり、介護職のももに乗せることで、筋緊張を抑えることができます。

全介助の必要な利用者の前開き上衣やシャツを脱ぐ

❶ボタンを外す

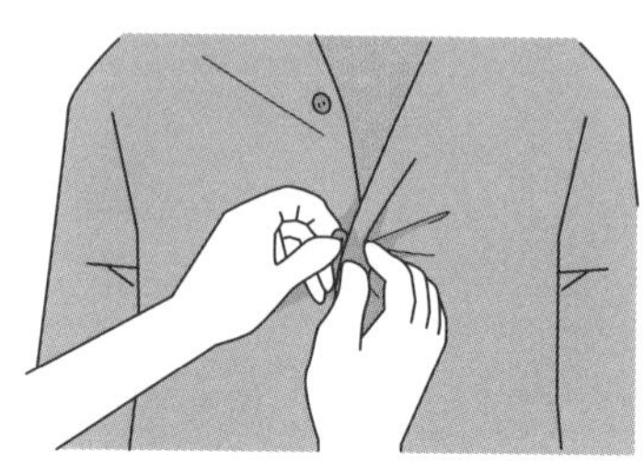

❷肩甲骨を支え浮かしながら上衣を上腕〜ひじまで滑らせて肩を出す

一気に脱がそうとすると、腕がねじれることになり、肩を痛める危険性があります。

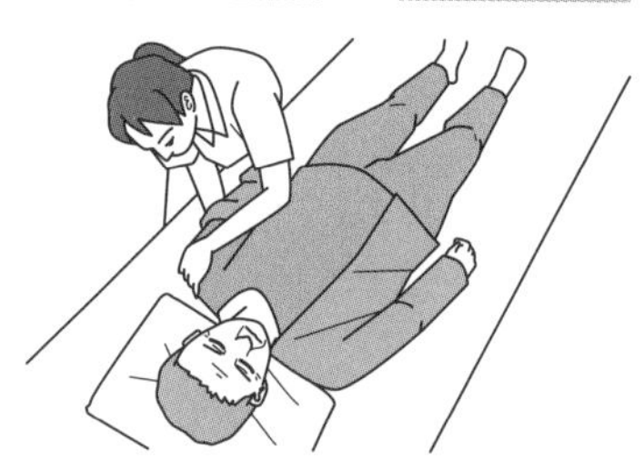

❸もう片方の上衣も上腕〜ひじまで滑らせて肩を出す

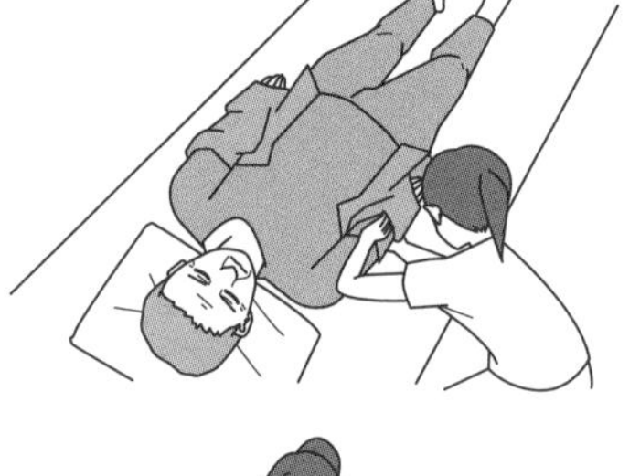

❹完全側臥位にする

90度まで横向きにしましょう。30度側臥位などでは、不安定で筋緊張を高めます。

❺上側の腕から衣類を脱がす

脱いだ衣類はもう片側から脱がしやすいようにまとめて利用者の身体の下に置きます。腕がねじれないようにしつつ、関節を動かす範囲が最小限になるようなるべく衣類側を広げて操作するようにしましょう。

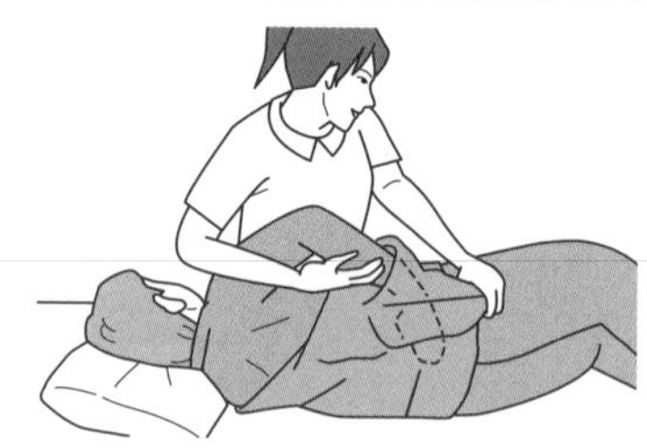

❻仰向けにする

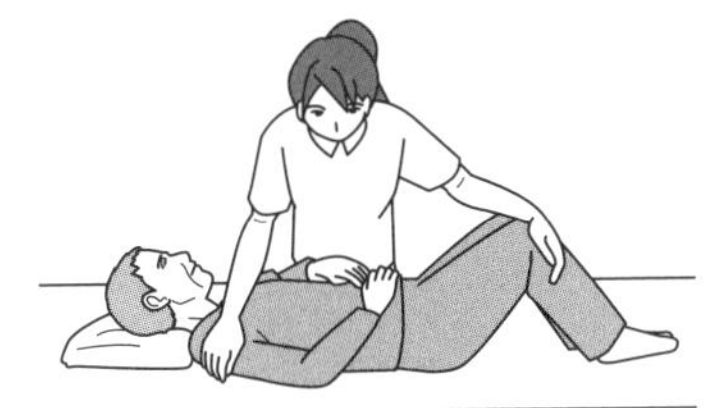

❼反対側の肩甲骨を支え浮かしながら腕から衣類を脱がす

無理に衣類を引っ張ると皮膚が摩擦で傷つく恐れがあるので、肩甲骨や背中まで支えて皮膚が衣類に引っ張られないようゆっくり脱がしましょう。

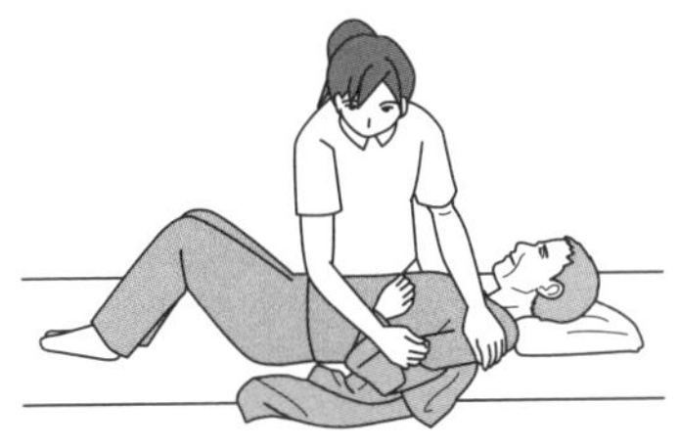

全介助の必要な利用者の前開き上衣やシャツを着る

❶袖をたぐり寄せておく

長袖であれば、袖を通す距離を短くするため、先にたぐっておきます。

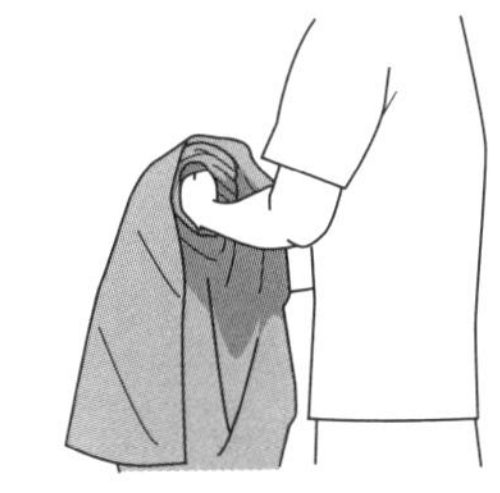

❷袖の外側から介護職が手を通し患側の手に手を添える

❸介護職の手に沿ってひじと肩付近まで上衣を通す

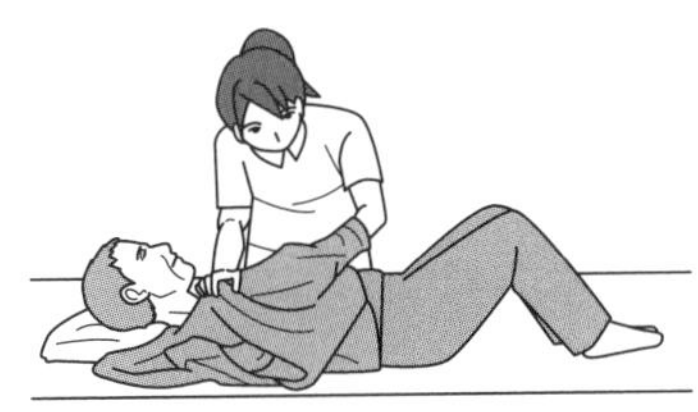

❹通した側の腕が上になるよう完全側臥位にする

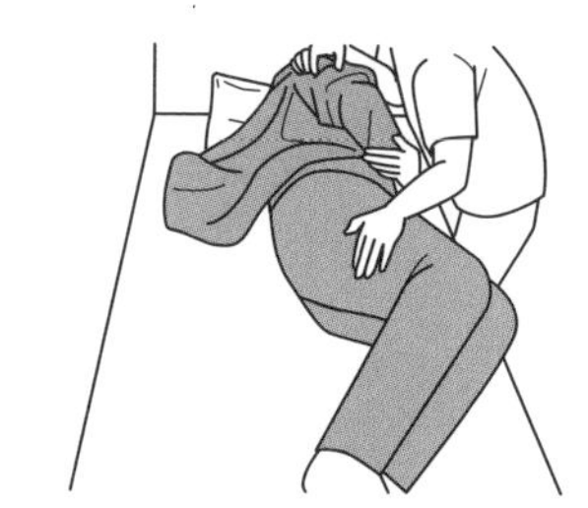

❺上衣を反対側(ベッドと身体の着いているところ)に広げる

なるべくしわを伸ばします。

❻仰向けにする

❼ひじと肩付近まで上衣を通す

❽肩甲骨を支えながら肩まで通す

一気に肩まで通すと、皮膚が引っ張られるため、肩甲骨〜背骨付近まで支えながら通しましょう。

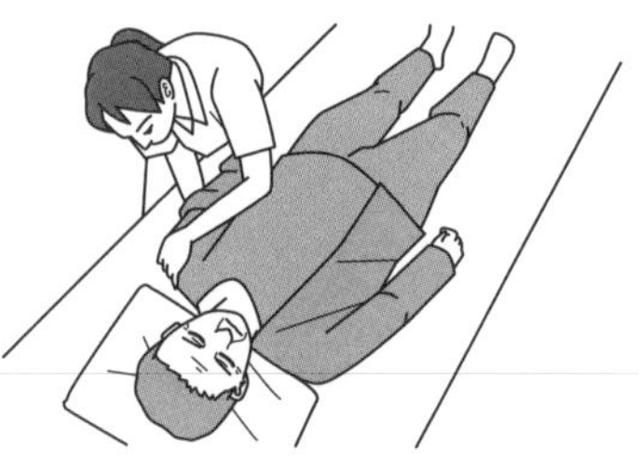

❾ねじれやずれ、たるみがないよう整える

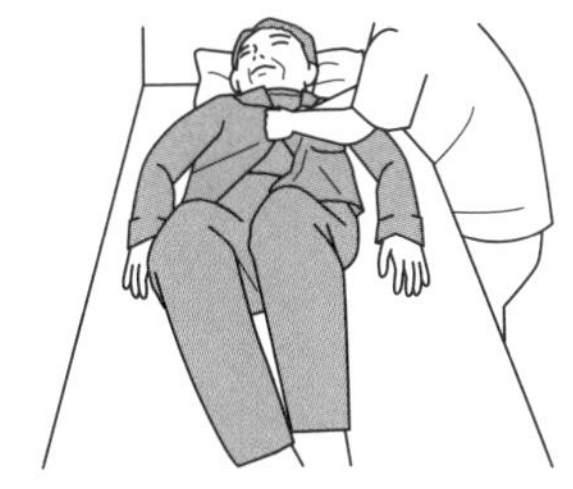

❿ボタンを閉める

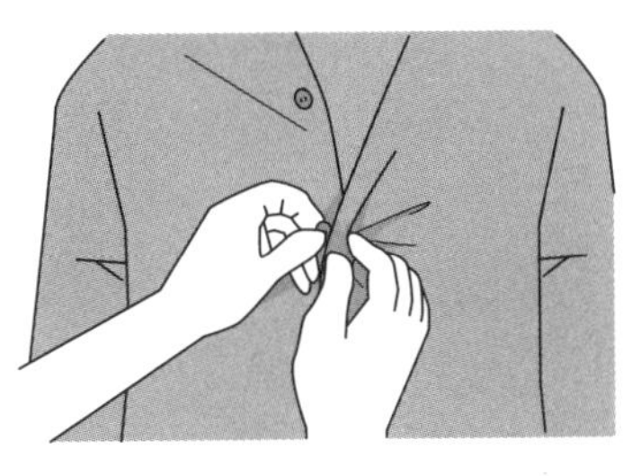

全介助の必要な利用者のズボン(下衣)を脱ぐ

❶片ひざを立てる

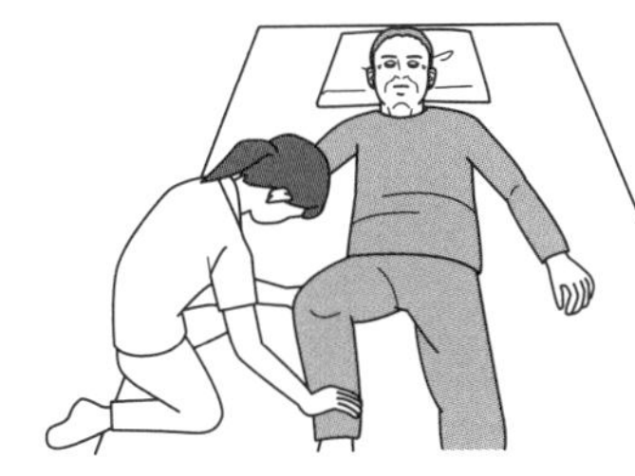

❷太ももの外側と骨盤を支える

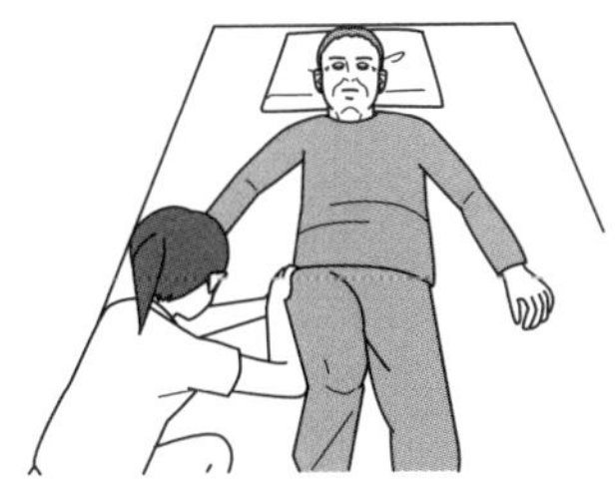

❸ひざを内側に倒しながら骨盤を回転させてお尻を浮かせる

お尻の真ん中付近まで浮かせることで、皮膚に負担をかけずにズボンを下ろすことができます。

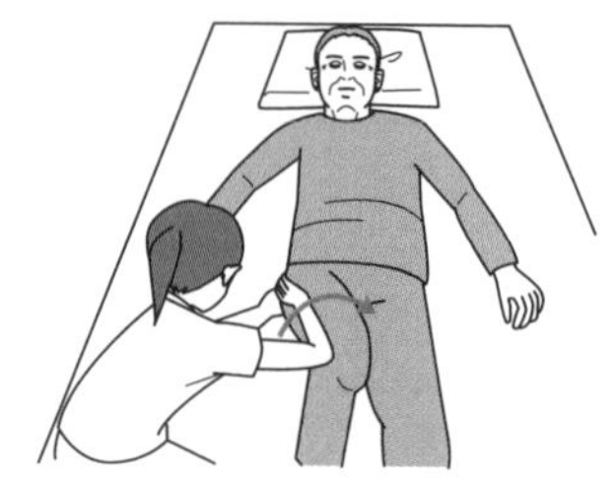

❹ズボンを股関節あたりまで下ろす

骨盤からお尻の曲線にかけて下ろします。

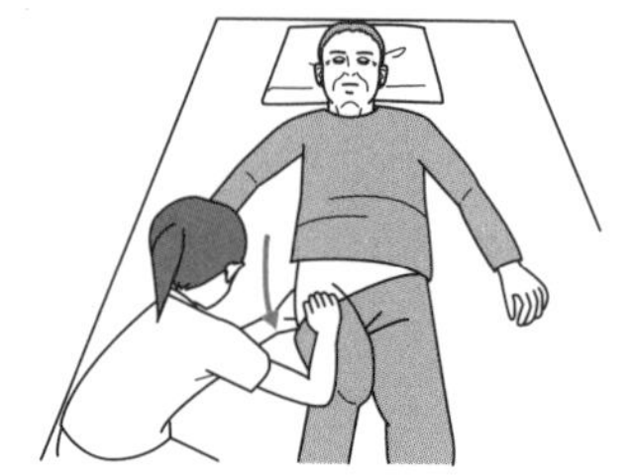

❺骨盤と下肢を戻す

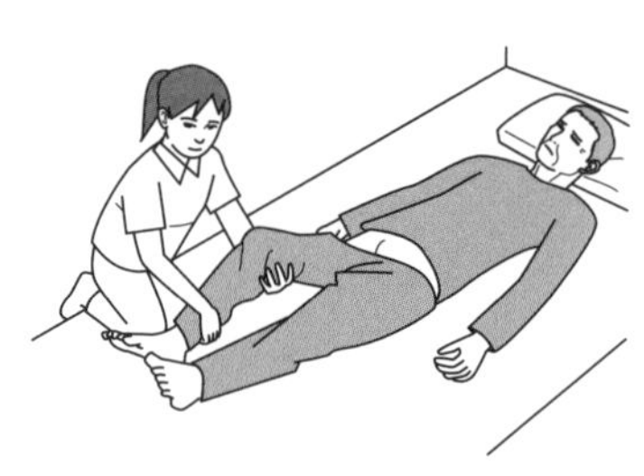

❻反対側も同様に❶～❺を行う

❼ズボンの両側をもって足先から引き抜く

足のつま先や爪が引っかからないようゆっくり介助しましょう。

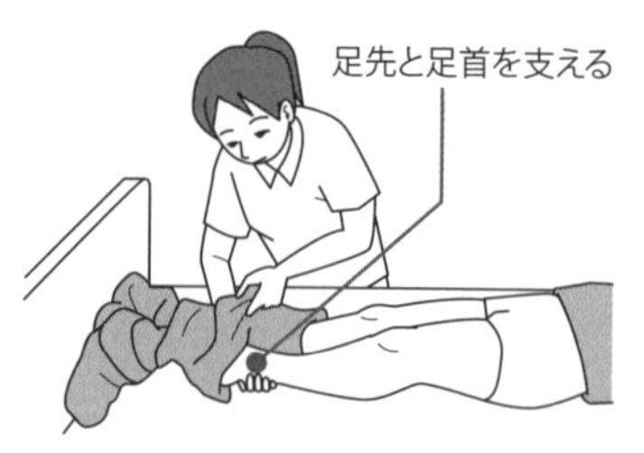

全介助の必要な利用者のズボン（下衣）を履く

❶すそをたぐり寄せておく

長ズボンであれば、足を通す距離を短くするため、先にすそをたぐっておきます。

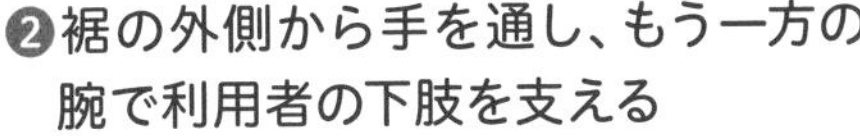

❷裾の外側から手を通し、もう一方の腕で利用者の下肢を支える

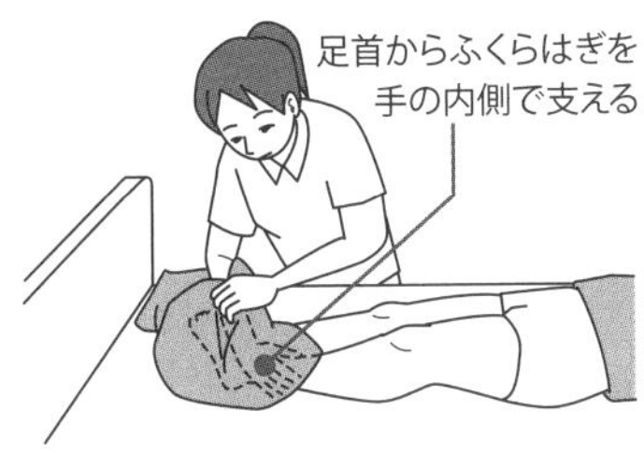

❸下肢を支えながらズボンをひざ付近まで通す

皮膚にずれや摩擦がない程度まで下衣をひざ付近までを目安に通します。足のつま先や爪が引っかからないようゆっくり介助しましょう。

❹完全側臥位にする

90度まで横向きにしましょう。30度側臥位などでは、不安定で筋緊張を高めます。

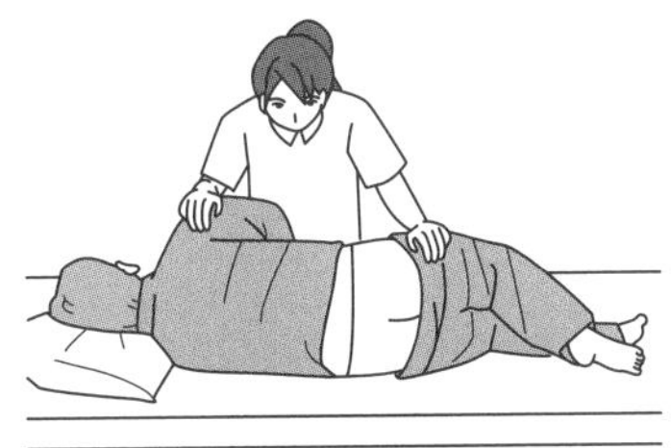

❺上側の腰まで下衣を上げる

下側の皮膚が摩擦で傷つかないよう、腰辺りまでゆっくりと上げましょう。

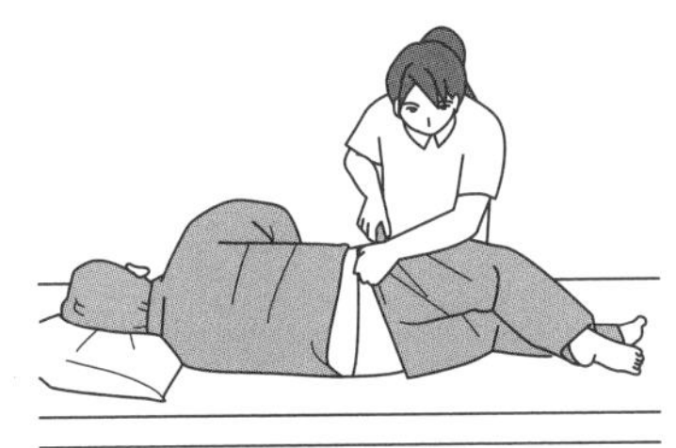

❻逆側へ完全側臥位にする

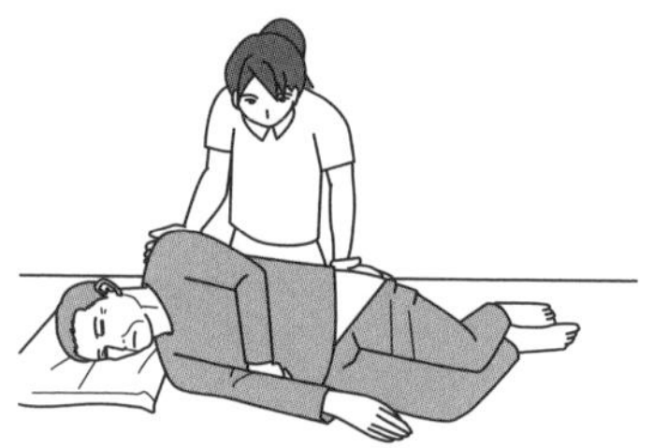

❼上側の腰まで下衣を上げる

下着がずれたり、皮膚を傷つけないように下衣のウエスト部分を広げながら上げていきます。

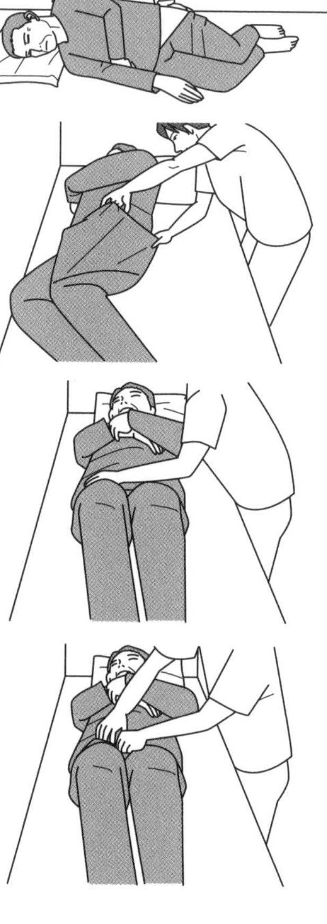

❽仰向けにする

恐怖心を与えたり、筋緊張を高めないようゆっくりと介助しましょう。

❾ねじれや左右のウエスト部分の高さにズレがないよう整える

5-5 身だしなみ

身だしなみは着替えと同様、清潔感を保つという役割だけでなく、気分を転換したり外出の機会を促す役割もあります。

洗顔をする

洗顔の際は、以下の手順で、できる限り自分でやってもらいます。

手順

❶前かがみになってもらう
❷お湯の温度を確認し、顔を濡らす
❸洗顔フォームを十分に泡立てる、もしくは泡で出てくる洗顔フォームを使う
❹ゴシゴシこするのではなく、泡を転がすようにして顔の中心から洗う
❺ほうれい線、まぶた、目尻を伸ばしながら洗い流す
❻タオルでやさしく当てるように拭く
❼化粧水やローションを使い肌を整える

ひげをそる

ひげをそる際は、以下の手順で進めます。ひげを柔らかくしたり、立たせる効果があるため、温かいタオルを用意しましょう。また、介護職はＴ字のカミソリを使えないので、必ず電気シェーバーを使うようにしましょう。

手順

❶皮膚の状態（傷や吹き出物）を確認する
❷温かいタオルをひげ部分につけ、ジェルをつける
❸片手でしわを伸ばしながら毛の向きに逆らうよう下から剃る
❹髭剃り後、ローションなどで保湿する

爪を切る

爪(つめ)は湯につかると、ふやけてやわらかくなり、切りやすくなるため、入浴後や手浴後に爪を切るようにしましょう。

手順

❶洗面器にお湯を張り、手浴を楽しんでもらう
❷タオルで拭く
❸指先を支え爪の端から数回に分けて切る
❹爪先(そうせん)（先端の白い部分）が1mm残る程度まで切る
❺深爪しないよう左右の角を落とすように少しだけ切る
❻やすりをかけて整える

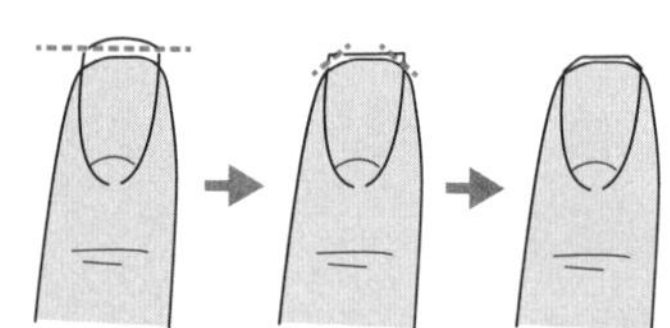

ベッド上で寝たまま身体を拭く介助——全身清拭(せいしき)

❶ウォッシュクロスを用意する

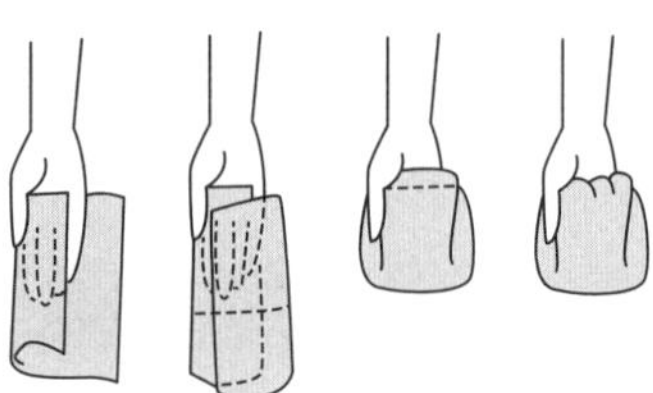

❷声かけをしながら、温度を認知してもらう
「熱くないですか?」「いまから全身拭いていきますね」と声かけをしましょう。

❸手→肩側にかけて拭く

手のひらや甲から拭き始めます。皮膚の柔らかい部分を持つと接触圧がかかり傷つきやすくなるため、手の関節、ひじの関節を支えます。

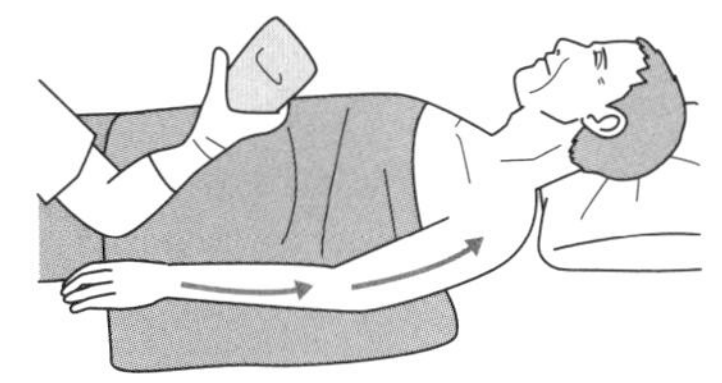

❹胸→おなかの順に拭く

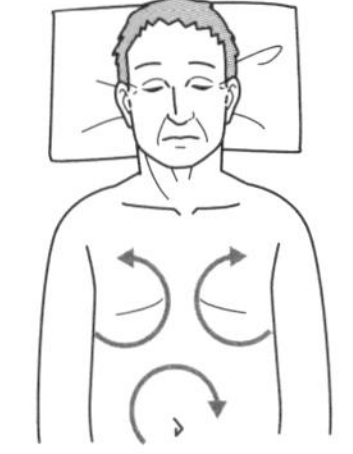

❺足首や足の甲やすね、ひざ、ももの順に拭く

不快感や筋緊張を高めるため、足先だけ持ち上げないようにしましょう。下から広く支えるようにして持ち上げます。

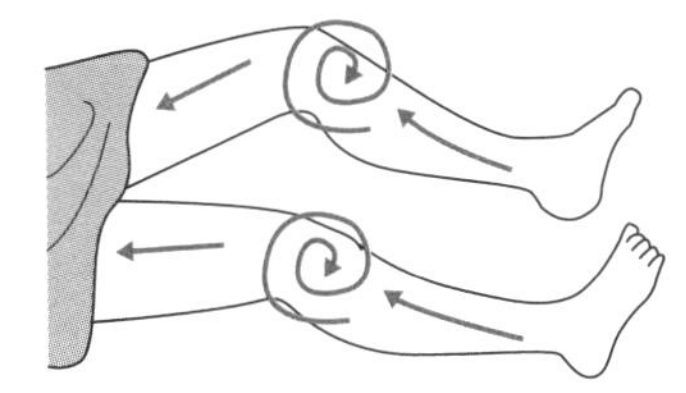

❻鎖骨→首を拭く

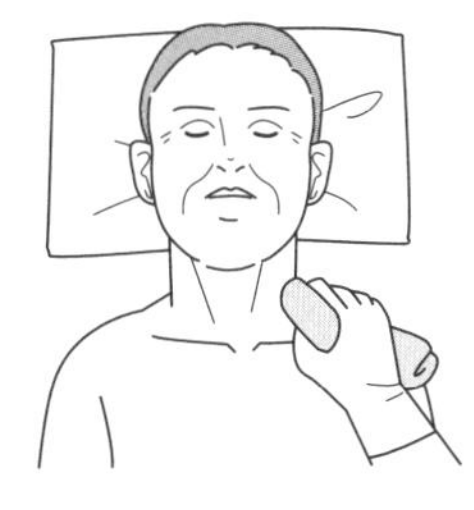

❼顔は中心から外側に向かって拭く

目や鼻などから拭くのではなく、額やあごあたりから拭きます。

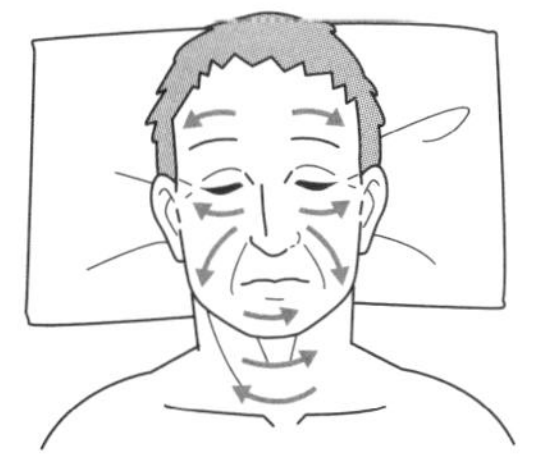

❽完全側臥位にし背中を拭く

肩や肩甲骨→背中、腰（仙骨）あたりまで下から上へ向かって拭きます。

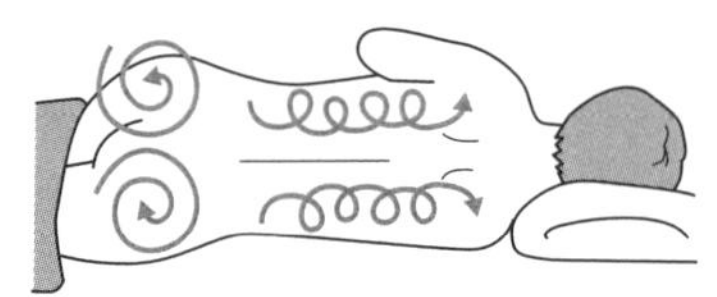

❾仰向けに戻って、そけい部・陰部を拭く

なるべく本人に拭いてもらうようにします。感覚が敏感な部位のためより声かけを意識しましょう。

▼男性

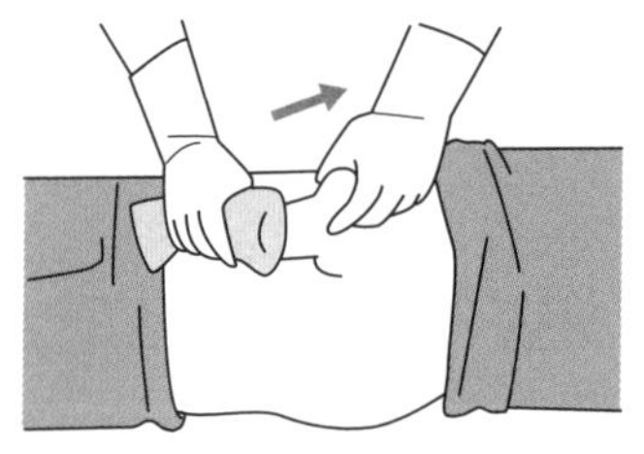

▼女性

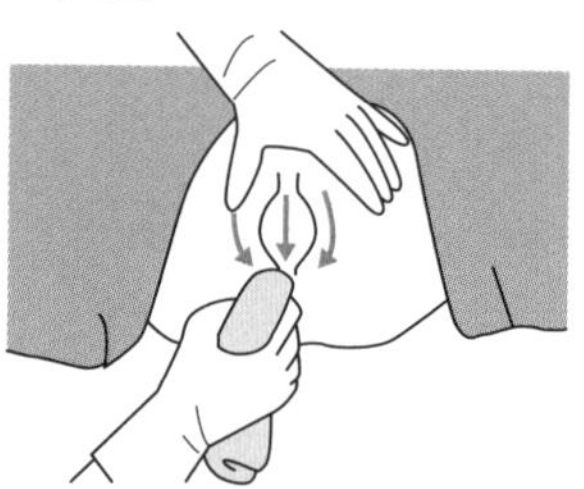

動作の「なぜ?」がわかる!　なぜ、末梢から中心部に向かって拭くの？

➡ 血行を良くし、心臓に血流を戻してあげるためです。

手先、足先などの末梢に血流がたまりやすいです。血液を循環させるため「末梢から中心部」に向かってタオルを動かします。

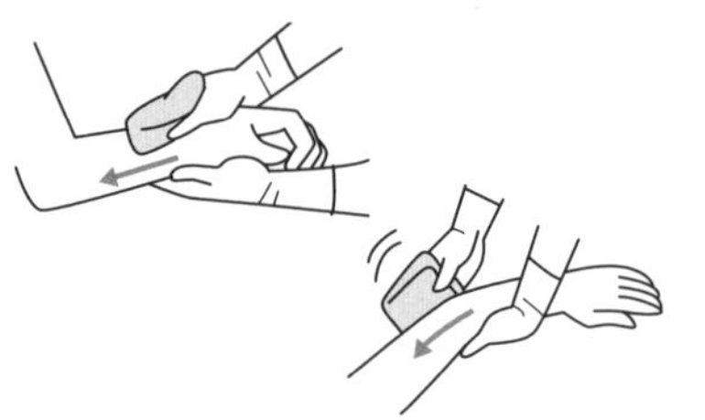

動作の「なぜ?」がわかる!　拭く際のポイントはあるの？

➡ 全身清拭（身体を拭く）際の「3原則」を覚えましょう。

原則1：トントンとおさえるように拭く

原則2：一方向で下から上に拭く

原則3：しわを伸ばしながら拭く

Column 介護職が知っておくべき「高齢者の睡眠」

概日リズム（体内時計）を整えるためには、朝の光を浴びることが重要です。朝日に当たることで、体内時計がリセットされ、覚醒が促されます。日中は睡眠ホルモンであるメラトニンの分泌が抑制されますが、約 14 ～ 16 時間経つとメラトニンの分泌が再び始まり、自然な眠気が訪れます。

そうした「朝起きて、夜眠るサイクル」をつくるためには、日中に十分な活動量を確保することが大切です。適度な運動や外出を行うことで、安定した深い睡眠を得ることができます。また夕方には、照明を暖色に調整します。暖色系の優しい光は、メラトニンの分泌を促進し、副交感神経が優位になります。ゆったりとした曲調の音楽をかけることも効果的です。オルゴールなどの音楽はリラックスするため、同じく副交感神経が優位になります。

また、臥床介助も大切です。寝かせる際には、ゆっくりと丁寧に介助することで入眠を妨げないようにします。そして、臥床後には衣服やシーツにシワができないように除圧を行います。シワができると、不快感を与えたり睡眠を浅くさせる恐れがあるため、忘れずに行いましょう。

おわりに

ここまで皆さんは、介助の手順や根拠を学んできました。「学んだことをやってみよう！」という前向きな気持ちが湧いてきているのではないでしょうか？

あなた自身が努力を重ね、適切な知識や技術を身に付けて上達したとして、あなたが関わるその場ではきっといい変化が見られるでしょう。

しかし、残念ながら、それだけでは利用者の生活にさほど良い変化をもたらすことはできません。なぜなら、あなたが一人の利用者に直接関わる時間は24時間のうちに数分～長くて数十分、１週間で換算しても１時間程度と極めて限られるからです。つまり、あなたに比べて、他の職員が、また自宅生活においては家族を中心とした主介護者が関わる時間のほうが圧倒的に長いのです。

目の前の利用者の生活をよりよいものにするためには、明日から実践を重ね、周りの職員や介護する家族に学んだことや適切な介護技術を伝達し、現場の介護技術を最適なものへと導いていかなくてはいけません。

現場に横行する不適切な介護技術に気づき、利用者の声を聴くことができるのはあなただけです。表情や息づかい、強ばり丸く縮こまった身体で苦痛を必死に伝えてくれる利用者に救いの手を差し伸べられるのも、いま本書を読んでいるあなたしかいません。あなたにしかできない介護実践・伝達をこれからも応援しています。

山﨑　隆博

参考文献

1) 田中義行監（2016）『オールカラー 介護に役立つ！ 写真でわかる拘縮ケア』ナツメ社

2) 田中義行監（2018）『オールカラー 写真でわかる 移乗・移動ケア』ナツメ社

3) 佐藤良枝（2017）『食べられるようになるスプーンテクニック；認知症のある方の食事介助』日総研出版

4) 内田学編・森若文雄監（2019）『姿勢を意識した神経疾患患者の食べられるポジショニング』メジカルビュー社

5) 前川美智子（2018）『動作の“なぜ”がわかる基礎介護技術』中央法規出版

6) 長藤成眞（2019）『ステップアップ介護　よくある場面から学ぶ介護技術』中央法規出版

7) 米山淑子監（2016）『超図解 やさしい介護のコツ』朝日新聞出版

8) 山﨑隆博（2020 ～ 2022）「場面別にみる 介護技術のチェックポイント」『おはよう 21』

●著者紹介

山﨑　隆博（やまざき　たかひろ）

医療法人社団山川会介護老人保健施設ケアセンター芳川 リハビリテーション部責任者。

祖父の介護と死をきっかけに理学療法士を目指す。移乗介助時に車いすに乗っている利用者の足を傷つけてしまうなど、数多くの失敗を経験。あらゆる本を読んだり、研修会に参加したりするなど、知識の習得と実践を重ねる日々を過ごす。ある時、介護職・看護職に介護技術について指摘したところ、「現場の介護職は忙しいからそんなことはできない」と一蹴され、「利用者が安全に安心して豊かに過ごせるためには、利用者の生活に最も近い現場の職員が心身ともに前向きに取り組めることが必要だ」と学ぶ。

現在は「利用者にも現場にも愛のある介護技術の伝道師」として、全国の施設で研修会やセミナー講師を務める。「潜在的な想い」「揺るぎない根拠」「洗練された技術」を持ち合わせた介護技術のプロを養成している。

MEMO

MEMO

■ カバーデザイン…………古屋 真樹（志岐デザイン事務所）
■ カバーイラスト…………加藤 陽子
■ 本文イラスト…………加賀谷 育子

介護職スキルアップブック
手早く学べてしっかり身につく！
介護技術

発行日 2024年 6月25日 第1版第1刷

著 者 山﨑 隆博

発行者 斉藤 和邦
発行所 株式会社 秀和システム
〒135-0016
東京都江東区東陽2-4-2 新宮ビル2F
Tel 03-6264-3105（販売）Fax 03-6264-3094
印刷所 三松堂印刷株式会社 Printed in Japan

ISBN978-4-7980-7191-6 C3036